CW00517069

...LTÉ DE DROIT DI

DISSERTATION

POUR

LE DOCTORAT

PRÉSENTÉE ET SOUTENUE

Par Armand GALTIER de LAROQUE,

Avocat.

TOULOUSE,

Typographie Troyes OUVRIERS RÉUNIS,

Rue Saint-Pantaléon, 5.

—

1858.

FACULTÉ DE DROIT DE TOULOUSE.

DISSERTATION

POUR

LE DOCTORAT

PRÉSENTÉE ET SOUTENUE

Par Armand GALTIER de LAROQUE,

Avocat.

TOULOUSE,

Typographie Troyes OUVRIERS RÉUNIS,

Rue Saint-Pantaléon, 5.

—

1858.

Meis

ET AMICIS.

DROIT ROMAIN.

DES RISQUES ET PÉRILS DANS LES OBLIGATIONS.

CHAPITRE I.

Principes Généraux.

La théorie des risques et périls dans les obligations a
soulevé de vives controverses. Les commentateurs du
Droit Romain ont formulé sur cette matière des règles
nombreuses, parmi lesquelles la plus célèbre est conte-
nue dans la maxime : *Res perit domino* ou *casum sentit
dominus*. Nous n'hésitons pas à déclarer que cette maxime
n'a pas d'application en Droit Romain et que nulle part
elle ne se trouve dans les textes. — On a voulu la faire
venir de la loi 9, au Code de Justinien, *de pigneratitia
actione* (1) : *Pignus in bonis debitoris permanere, ideoque*

(1) L. 9. C. IV. XXIV.

ipsi perire in dubium non venit. Cette loi ne dit pas qu'en général , la chose périsse pour le propriétaire , ni que les risques soient à sa charge ; elle dit seulement que lorsqu'un débiteur a donné une chose en gage , la perte est pour lui , en ce sens qu'il n'est pas libéré de sa dette et que le créancier a toujours contre lui une action personnelle pour se faire payer de ce qui lui est dû, à moins, dit la loi 6, eo·l. *Titul.* , qu'il ne soit convenu entre les parties que la perte de la chose éteindrait la dette : *Nisi inter contrahenies placuerit , ut amissio pignorum liberet debitorem.* Il semble résulter du mot *ideòque* , contenu dans le fragment de la loi 9 , cité plus haut, que c'est parce que le débiteur est propriétaire , que les risques sont à sa charge. C'est là seulement une induction qui n'a pas les conséquences qu'on lui attribue. D'ailleurs le propriétaire se trouverait ici également créancier , ce qui n'empêcherait pas l'application de la maxime : *Res perit creditori*, admise par plusieurs comme règle en cette matière et que nous examinerons plus tard.

Il faut chercher l'origine de la règle : *Res perit domino*, dans la lutte du Droit Romain avec le Droit Germanique. En Droit Germanique, celui qui avait pris une chose sous sa garde , devait en répondre, même lorsqu'elle avait péri fortuitement. Telle était la responsabilité du commodataire , du créancier gagiste , du dépositaire. Ce fut pour repousser cette responsabilité du droit coutumier, que les auteurs admirent la règle *Res perit domino.* «Cette maxime , dit Pothier , reçoit application , lorsqu'on oppose le propriétaire à ceux qui ont la garde ou l'usage de la chose. En ce cas, la chose périt pour le propriétaire plutôt que pour ceux qui en avaient la garde ou l'usage, lesquels, par la perte qui arrive de la chose sans leur faute, sont déchargés de l'obligation qu'ils avaient contractée de la rendre. Mais lorsqu'on oppose le propriétaire, débiteur d'une chose, au créancier de cette chose, qui a une action contre le propriétaire pour se la faire livrer, en ce cas, la chose périt pour le créancier plutôt que pour le propriétaire, qui par la perte de la chose est libéré de l'obligation de la livrer. En effet, chacun perd le droit qu'il a dans une chose ou par rapport à une chose, lorsqu'elle périt par cas fortuit : le vendeur propriétaire de la chose perd son droit de propriété tel qu'il l'avait, c'est-à-dire un droit qu'il ne pouvait retenir et qu'il était obligé de transférer à l'acheteur; l'acheteur de son côté perd le droit qu'il avait par rapport à cette chose, c'est-à-dire le droit qu'il avait de se la faire livrer. » (*Tr. de la vente*, nº 308). Ainsi la maxime *res perit domino* n'est pas applicable dans tous les cas, et les commentateurs sont obligés, en matière de vente, par exemple, d'adopter cette autre règle : *Res perit creditori*. On ne peut dire, en effet, quoique cela ait été soutenu, que les risques soient pour le vendeur ; les textes sont formels sur ce point. Et quant à cette autre maxime : *res perit creditori*, nous verrons par l'examen des risques dans les divers contrats, qu'elle n'est pas non plus d'une application générale. Il faut donc rejeter ces règles et en rechercher une qui s'étende à tous les cas.

Remarquons, du reste, que la maxime *res perit domino* énonce un fait et ne l'explique pas. Il est clair, qu'en dehors des obligations, celui-là seul qui est propriétaire, qui a un *jus in re*, supporte le risque et péril de la chose qui lui appartient. Dans les contrats, le péril ne consiste pas à perdre la chose ; il consiste à perdre le droit résultant de ces contrats. Ainsi, dans la vente, par exemple, si le corps certain vendu périt fortuitement et avant la livraison, le vendeur perd évidemment la propriété, puisqu'il est demeuré propriétaire, mais il ne supporte pas le risque et péril, car il conserve le droit qui résulte pour lui de la vente : il peut exiger le prix de l'acheteur. Celui qui avait reçu un *indebitum* devient propriétaire de la chose ; si elle périt fortuitement, il perd la propriété, mais il ne supporte pas le risque et péril, car celui qui avait payé l'*indebitum*, perd la *condictio*, perd son droit de répétition. Enfin celui qui doit une chose *ex stipulatu*, *ex testamento*, perd la propriété si la chose périt, mais ce sera le stipulant, ce sera le légataire qui supportera le risque et péril, parce que la perte de la chose éteindra le droit résultant du legs ou de la stipulation.

Un grand nombre d'auteurs présentent encore comme fondement en cette matière, une règle d'après laquelle la perte fortuite du *corps certain*, dû par l'un des contractants, aurait pour effet de résoudre le contrat; d'où il suivrait que l'autre contractant ne devrait rien, qu'en cas d'inexécution il pourrait même répéter ce qu'il a donné. Ce principe, comme ceux que nous avons déjà examinés, ne peut être d'une application générale, il est entièrement inexact en matière de vente, comme nous l'examinerons tout à l'heure.

Lorsqu'un lien unit deux ou plusieurs personnes par suite d'un contrat, ce lien ne peut forcer les parties contractantes à exécuter leurs engagements que dans la limite du possible. A l'impossible nul n'est tenu ; telle est la règle, tel est le principe général qui régissent, en Droit Romain, la théorie des risques et périls. L'impossible non amené par la faute de l'obligé, dispense de l'obligation ou plutôt fait considérer l'exécution comme accomplie ; le hasard ne peut résoudre le contrat : ses effets demeurent ; il faudrait que les deux parties fussent placées dans l'impossibilité d'exécuter leurs obligations pour que le contrat pût être considéré comme résolu.

Ces principes généraux du Droit Romain, en matière de risques et périls, se trouvent formulés aux LL. 23 et 185. D. liv. 17 de Regulis Juris : *Impossibilium nulla obligatio est* (1), et s'appliquent à la vente et aux contrats qui ont pour objet le transport de la propriété comme à ceux qui ont pour objet l'usage d'une chose, aux contrats nommés, comme aux contrats innommés, aux obligations unilatérales, comme aux obligations synallagmatiques. Démontrons d'abord leur application aux obligations unilatérales.

CHAPITRE II.

PREMIÈRE SECTION.

Contrats nommés.

Supposons d'abord que la chose due est un corps certain. Comme il n'y a qu'un seul débiteur et un seul créancier, le premier est libéré par la perte de la chose, pourvu qu'elle ne soit pas arrivée par sa faute. (Et dans le cours de notre travail, nous supposerons toujours que la chose a péri par cas fortuit). Ainsi dans les con-

(1) LL. 25 et 185. Dig. L. XVII.

trats unilatéraux, l'application du principe : qu'à l'impossible nul n'est tenu, conduit à la règle : *interitu speciei*, *debitor liberatur*, ou *species debita periculo est creditoris*. Ainsi celui qui doit le corps certain *ex stipulatu*, celui qui l'a reçu indûment, le dépositaire, le commodataire, le précariste, le créancier gagiste, le mandataire, le tuteur, sont libérés par la perte fortuite.

S'il s'agit d'une chose *in genere*, d'une *quantitas*, le débiteur reste obligé jusqu'au paiement, parce qu'un genre ne périt pas. Ce ne serait que dans le cas où tout le genre aurait péri, qu'il serait libéré.

S'il s'agit d'une dette alternative, le débiteur n'est pas libéré tant que l'une des deux choses dues alternativement existe. C'est ce que la loi 34, ? 6, D. XVIII, I, exprime en disant : *ideò prioris periculum ad venditorem, posterioris ad emptorem respicit*. En effet, tant que l'une des choses dues subsiste, il y a possibilité d'exécuter l'obligation : la première périt donc pour le débiteur, car cette perte ne le libère point ; mais la dernière périt pour le créancier, puisqu'elle libère le débiteur, qui ne peut pas donner ce qui n'existe plus.

S'il s'agit d'une obligation facultative, comme la seconde chose due n'est mise dans l'obligation que *facultate solutionis*, pour faciliter le paiement, la perte de cette chose ne libère pas le débiteur ; celui-ci ne peut pas dire en effet qu'il ne peut pas exécuter son obligation, puisque la seule chose qu'il doive est la première, la seconde n'ayant été désignée dans le contrat que pour la facilité du paiement. Si c'est la chose *principale* qui périt, le débiteur est libéré. Il ne devait pas la chose mise *in facultate solutionis*. Elle n'avait été indiquée que dans son intérêt.

Ainsi nous voyons par ce qui précède que la règle *Impossibilium nulla obligatio est*, régit les obligations unilatérales. Faisons-en l'application aux contrats synallagmatiques, en commençant par la vente.

La vente, en Droit Romain, est parfaite dès qu'on est convenu de la chose et du prix, lorsqu'elle est d'un corps certain et qu'elle est pure et simple : *Si id quod venierit, appareat quid, quale quamtumve sit et pretium, et pure venit, perfecta est venditio* (1).

Les obligations une fois produites sont indépendantes l'une de l'autre. La volonté des parties ou le hasard ne peut pas faire que ces obligations ne produisent pas les effets qu'elles doivent produire. Si donc l'une des parties se trouve dans l'impossibilité d'exécuter ce à quoi elle s'est obligée, l'autre partie n'en est pas moins tenue de faire ce qu'elle a promis.

Ainsi dans la vente : l'acheteur s'oblige à payer un prix et le vendeur à livrer une chose. Si cette chose périt, le vendeur est libéré : *Impossibilium nulla obligatio est*. L'acheteur n'en est pas moins tenu ; car il s'est engagé à payer de l'argent, c'est-à-dire à donner un genre, or un genre ne périt point. S'il en était autrement, le contrat serait résolu et le hasard ne peut être classé parmi les causes de résolution des contrats (2).

La loi 33. D. 19. 2. tirée des questions d'Africain, parait cependant faire difficulté. Il résulte en effet du texte de cette loi, que si le fisc s'empare d'un bien fonds vendu, mais non encore livré, le vendeur sera obligé

(1) L. 8. D. 18. 6.
(2) LL. 7 et 8. D. 18. 6. — L. 1. C. 4. 48. — L. 5. § 2. D. 18. 5. — L. 11. Pr. D. 21. 2. — Inst. 3. 25. § 3.

de restituer le prix. D'où on a conclu qu'au cas de perte de la chose vendue, l'acheteur ne sera pas obligé de payer le prix, puisque dans l'espèce de la loi 33, il peut le répéter. Cujas tout d'abord adopta cette opinion, mais il la rejeta plus tard (1), en ajoutant toutefois qu'elle lui paraissait la plus équitable. Dans la loi que nous mentionnons, Africain applique à la vente les principes qu'il vient d'exposer relativement au louage. *Nam et si vendideris mihi fundum, ipse prius, quam vacuus traderetur, publicatus fuerit, teneris ex empto; quod hactenus verum erit, ut pretium restituas, non ut etiam id præstes, si quid pluris mea intersit, eum vacuum mihi tradi.* D'après cette loi, lorsque la chose vendue a été confisquée, les risques sont pour le vendeur, qui sera obligé de restituer le prix, parce qu'il ne peut accomplir ce à quoi il s'est engagé, c'est-à-dire la livraison de la chose.

On a donné sur cette loi de nombreuses explications. Nous allons en examiner quelques-unes. On a dit qu'il y avait faute de la part du vendeur, puisqu'il s'agissait d'une confiscation. Mais remarquons que le jurisconsulte établit ici un parallèle entre la vente et le louage et qu'il faut supposer les mêmes faits dans l'un et dans l'autre cas. Or il suppose qu'il n'y a aucune faute de la part du locataire : *Quamvis per non stet, quominus id præstes.* Il en doit être de même nécessairement pour le vendeur. On doit écarter l'hypothèse de la faute de ce dernier, en vertu de cette autre considération, qu'il n'est pas question de dommages-intérêts, en outre de la restitution du prix. Enfin, il ne peut être question dans cette loi que

(1) Cujacii recitationes in codicem. Liv. 4, tit. 18.

d'un cas fortuit ou d'un fait qui en approche, puisque Africain assimile le cas de confiscation à celui où le sol viendrait à s'effondrer.

On a dit encore que le fisc revendiquait ce fonds pour quelque délit. Mais alors il y aurait faute de la part du vendeur et nous rentrerions dans l'explication précédente.

Pothier exprime en ces termes son opinion sur le sens de cette loi : «Dans l'espèce rapportée par Africain, si l'acheteur a la répétition du prix, c'est que les lois qui ordonnaient aux possesseurs de quitter la possession de leur héritage, pour quelque cause publique, portaient apparemment cette clause : nonobstant toutes les ventes qu'ils en auraient fait précédemment, lesquelles demeureront nulles. La vente étant donc, dans ce cas, rescindée, l'acheteur a la répétition du prix ; mais lorsque la chose vendue a péri, la vente n'est pas pour cela rescindée (1). » Cette explication énigmatique jette une bien faible lumière sur la question.

D'autres jurisconsultes ont distingué le cas où la chose a péri entièrement et celui où elle pouvait encore être fournie. Dans le premier cas, disent-ils, elle périt pour tout le monde, pour l'acheteur comme pour le vendeur; dans le deuxième cas, comme la prestation de cette chose n'est pas devenue tout à fait impossible pour le vendeur, celui-ci ne peut pas dire réellement qu'il ne puisse pas remplir ses obligations; tel est le cas où la chose a été confisquée.

Cette distinction subtile ne peut s'appliquer à la loi

_____

(1) Pothier, *Traité du Contrat de vente*, n° 508.

d'Africain qui assimile, comme nous l'avons déjà fait
observer, le cas où la chose a été confisquée à celui où
elle a péri.

Enfin, certains jurisconsultes ont fait une distinction tout aussi subtile que la précédente, mais bien plus
arbitraire, dans ce cas du moins. Il faut distinguer,
ont-ils dit, les malheurs éventuels et naturels qui peuvent arriver à tout le monde et qui doivent être sup-
portés également par le vendeur et l'acheteur, d'avec
ceux qui constituent un malheur particulier, une force
majeure spéciale qui s'adresse à tel individu ou à tel
autre et qui doit être supporté par lui seul. Tel est par
rapport au vendeur, le cas de confiscation.

Cette explication vraie en d'autres circonstances (1)
et présentée d'ailleurs d'une manière différente, ne
s'applique pas à la loi qui nous occupe, puisque par les
comparaisons qu'elle établit entre la vente et le louage,
elle donnerait la même solution pour les cas éventuels.

Enfin, pour terminer l'analyse des opinions diverses
qui ont été émises sur la loi qui nous occupe, disons
que beaucoup voient dans la confiscation une éviction
qui doit être supportée par le vendeur; mais alors celui-ci
devrait aussi des dommages-intérêts; le texte cependant n'en accorde pas à l'acheteur. De plus, si c'est une
éviction, c'est une éviction injuste, dont le vendeur ne
doit pas être victime.

Ainsi aucune des explications qui ont été données

(1) La distinction entre les *casus soliti* et les *casus insoliti*,
n'est absolument vraie que lorsqu'il y a lieu à déterminer les conditions auxquelles le bailleur du fonds doit faire remise de tout ou
partie du prix du bail au fermier. L. 15. § 2. D. 19. 2.

sur cette loi ne nous paraît satisfaisante. A notre sens,
elle est directement contraire aux autres textes sur la
matière, elle constitue l'opinion isolée du jurisconsulte
Africain. Ce dernier s'est peut-être laissé aller à une
comparaison irréfléchie entre la vente et le louage; mais
du reste, les solutions qu'il donne, se trouvent souvent
directement opposées à celles des autres jurisconsultes
Romains et il n'y a rien d'étonnant à le voir en désac-
cord, dans cette circonstance, avec la doctrine généralement adoptée.

Les auteurs qui sont d'avis que les risques sont à la
charge du vendeur, tant que la chose n'a pas été livrée,
citent, à l'appui de leur opinion, deux autres textes, les
lois 12 et 14, au Digeste, liv. 18, tit. 6. Ces lois supposent qu'un édile a brisé, sur la voie publique, des lits
qui y avaient été laissés. «Ces lits, dit le jurisconsulte
Paul, périssent pour l'acheteur s'ils lui ont été livrés ou
si c'est par sa faute que la tradition n'a pas été faite :
s'ils n'ont pas été livrés, ou que l'acheteur n'ait pas été mis
en demeure, ils périront pour le vendeur. » Ces lois ne
prouvent rien contre ce que nous avons avancé, et si
le jurisconsulte met les risques à la charge du vendeur, c'est qu'il y a faute de sa part; il n'aurait pas dû
laisser les lits sur la voie publique, ce n'est pas là qu'on
les dépose ordinairement. Le § 1 de la loi 14, au même
titre, prévoit une autre espèce, dont on tire un nouvel
argument contre nous. « Si des matériaux ont été ache-
tés, dit le Jurisconsulte, et que ces matériaux aient
été volés, après avoir été livrés, j'ai répondu qu'ils périront pour l'acheteur, et que pareillement *la perte en
serait supportée par le vendeur, jusqu'à ce qu'ils aient été
livrés.*» Remarquons ici, comme précédemment qu'il y

a faute de la part du vendeur si les matériaux lui ont
été volés avant la tradition ; il aurait dû les garder.—
Pothier dit à cet égard (Pandec. *De pericul. et comm.
rei venditæ*) : La perte sera supportée par le vendeur,
jusqu'à ce qu'ils soient livrés, c'est-à-dire qu'ils périront
pour le vendeur, s'ils n'ont pas été livrés, à moins qu'il
ne prouve que le vol en a été fait sans qu'il y eût de sa
faute.

Ainsi, nous le voyons, à part l'opinion d'un seul,
celle d'Africain, il est bien constant, bien établi qu'en
Droit Romain, les risques sont pour l'acheteur.

Des jurisconsultes philosophes, Barbeyrac et Puffendorf, ont fait intervenir dans la question des considérations morales : ils ne trouvent pas équitable que l'obligation de l'acheteur subsiste, tandis que celle du vendeur est éteinte par la perte de la chose. Voici en quels
termes Pothier rapporte et combat leurs opinions
(Traité du Contrat de vente, no 307) : « Plusieurs
modernes, qui ont traité du Droit Naturel, du nombre
desquels Puffendorf et Barbeyrac, ont cru que les jurisconsultes Romains s'étaient écartés, sur cette matière,
des vrais principes du Droit Naturel, et ils soutiennent
au contraire que la chose vendue est au risque du vendeur, tant qu'il en demeure propriétaire ; que c'est sur
lui que doit tomber la perte de cette chose, quoique sans
faute, pourvu que l'acheteur n'ait pas été mis en demeure de la recevoir ; et pareillement que c'est lui qui
doit profiter des accroissements qui surviendraient dans
la chose vendue. Leurs arguments sont : 1o que c'est
une maxime reconnue par les jurisconsultes Romains
eux-mêmes, qu'une chose est aux risques du propriétaire : *Res perit domino.* » Ici Pothier démontre dans

quelles circonstances cette maxime est applicable ; nous avons exposé plus haut son argumentation sur ce sujet. Il continue : « On oppose : 2o que l'acheteur ne s'est obligé à payer le prix qu'à condition qu'on lui donnerait la chose. Je nie la proposition. Il s'oblige à payer le prix, non pas à condition que le vendeur lui donne la chose, mais plutôt à la condition que le vendeur s'y soit valablement obligé et n'ait pas manqué à son obligation, pour que l'obligation de l'acheteur ait une cause et subsiste. »

Les auteurs qui admettent la règle : *res perit domino*, forcés d'y trouver une exception dans la vente, l'expliquent au moyen d'un texte de Justinien, aux Institutes, titre de *Emptione venditione*. On lit, en effet, au § 3 : « *Nam et commodum ejus esse debet, cujus periculum est.* » Dans la vente, les risques sont pour l'acheteur, *parce qu'il a* tous les avantages de la chose. Mais cette explication qui, d'après eux, justifie l'exception à leur principe général, n'est pas satisfaisante. Justinien, en effet, aurait très-bien pu dire avec non moins de certitude, que le vendeur ayant les avantages, doit courir les risques de la chose ; il aurait pu formuler ainsi cette prétendue règle. On tournerait ainsi dans un cercle dont on ne pourrait sortir. D'après nous, Justinien n'a pas prétendu expliquer le second fait par le premier. Il a voulu tout simplement exprimer cette idée si naturelle : que l'acheteur, courant la chance de voir la chose se détériorer et se détruire entre ses mains, court aussi celle de voir la chose s'améliorer et s'agrandir.

En résumé, les dispositions du Droit Romain qui régissent le contrat de vente, ne sont pas exceptionnelles. Ainsi, les auteurs qui énoncent cette règle dans la théorie des risques et périls : qu'au cas où l'un des contractants devait un corps certain, il est libéré par la perte fortuite de ce corps certain, énoncent une règle qui est contraire au Droit Romain, et qui appartient au Droit Germanique. Mulhenbruch ajoute que le Droit Romain n'a reconnu ce principe que dans le contrat de louage, dans les contrats qui ont pour objet l'usage du corps certain, et que les autres contrats suivent des règles différentes. C'est là une nouvelle inexactitude ; le principe est le même pour tous les contrats, et si la question des risques et périls ne se décide pas de la même manière, cela provient de la nature diverse des différents contrats et non pas d'une diversité dans les principes mêmes.

Après cette longue mais nécessaire digression, continuons l'application du principe que nous avons adopté, d'abord aux contrats nommés, puis aux contrats innommés.

Nous croyons avoir suffisamment établi que dans la vente pure et simple d'un corps certain, les risques sont pour l'acheteur.

Dans la vente conditionnelle, la perte fortuite de la chose est supportée par le vendeur, les détériorations fortuites le sont par l'acheteur. Expliquons-en le motif. La vente est en suspens et ne deviendra parfaite que par l'arrivée de la condition. Il y a seulement lien de droit, *vinculum juris*, en ce sens que les parties doivent attendre l'événement. Si donc, la chose périt fortuitement avant l'arrivée de la condition, c'est comme si au cas d'une vente pure et simple, la chose avait cessé d'exister au moment du contrat, il n'y a pas vente, et le vendeur a perdu la chose sans avoir acquis de droit *ex contractu ;* si , au contraire , la chose est détériorée , la condition en se réalisant confirme la vente et l'acheteur supporte la perte.

Lorsqu'une vente se fait de choses qui doivent être comptées, pesées ou mesurées, il en est comme de celles qui sont vendues sous une condition suspensive ; il y a lien de droit, *vinculum juris*, et les parties peuvent exiger qu'il soit procédé à la pesée ou au mesurage ; mais le contrat de vente est imparfait, parce que ou le prix ou la chose reste indéterminé.

Distinguons trois hypothèses :

1° Supposons que l'on vende plusieurs choses, en bloc, pour un seul prix , *in aversione* , par exemple , tout le grain qui est dans le grenier , il n'y a pas vente , *ad pondus* , *ad mensuram ;* il y a vente d'un corps certain, et la vente est parfaite par cela seul que le prix a été convenu pour le tout , indépendamment du mesurage ; la chose est donc au risque de l'acheteur. Nous trouvons, en effet , dans la loi 35 , § 5. D. 18. 1 : *Nam si omne vinum vel oleum , vel frumentum , vel argentum, quantum-cumque esset , uno pretio venierit , idem juris est , quod in cœteris rebus* (1).

2° Si une vente a été ainsi conçue : Je vous vends toute l'huile qui est dans mon cellier , à tant la mesure , l'huile demeure inderminée avant le mesurage, la vente est donc imparfaite , et si la chose périt avant la pesée ou le mesurage, il sera impossible de fixer le prix ; donc elle périt pour le compte du vendeur, qui aura perdu la chose sans avoir acquis d'action contre l'acheteur.

(1) L. 62. § 2. D. 18. 1.

2

3o De même, si je vends un certain nombre de mesures de blé , à un prix fixé, par exemple 100 mesures pour 1,000 fr., à prendre dans une quantité plus considérable qui est dans mon grenier, si le blé vient à périr avant le mesurage, comme la chose vendue est restée indéterminée , la vente ne peut se parfaire et ce sera le vendeur qui supportera la perte (1).

Ces deux dernières hypothèses sont comparées par la loi 35, § 5 D. 18. 1 , à la vente conditionnelle. La vente est censée faite sous la condition que la pesée ou le mesurage aura lieu.

Dans la vente , *ad gustum*, si la chose vendue est un *corps certain* et s'il s'agit d'une chose qu'on a l'habitude et qu'on est convenu de déguster , les risques de l'acidité et de la corruption sont pour le vendeur (2).

Dans la *locatio rerum* , lorsque la chose périt fortuitement , le locataire qui la détenait , n'est pas obligé de la restituer , car il est débiteur d'un corps certain. Mais nous nous demanderons si le bailleur a le droit de poursuivre le paiement du loyer pendant le temps que devait durer le bail , de même que le vendeur peut réclamer le prix , après la perte de la chose ? Il faut reconnaître qu'ici les lois Romaines ont abandonné le principe adopté en matière de vente ; elles décident que , par la perte de la chose , le bail est dissous, que le locataire ne doit plus rien et que s'il a payé par avance , il pourra répéter tout ce qui n'était pas échu au moment de la perte. Certains auteurs , à ce propos ,

(1) L. 55. § 7. D. 18. 1.
(2) L. 4. § 1. D. 18. 6.

ont prétendu que le principe appliqué au louage était
la règle dominante en Droit Romain, et que celle qui
régissait la vente formait exception. Nous croyons avoir
déjà suffisamment établi que les principes de la vente
ne sont pas exceptionnels, et nous allons expliquer la
raison différente de décider, en matière de vente ou de
louage, par la diversité de la nature même de ces deux
contrats.

Quel est, en effet, l'objet du louage? Ce n'est pas de
procurer au preneur une chose déterminée, déjà existante, le locataire n'acquiert pas même la possession de
la chose, ce n'est pas non plus de lui procurer la
jouissance ou l'usage, considérés comme éléments détachés de la propriété, le droit du preneur se trouve tout
entier dans l'obligation contractée par le bailleur de le
faire jouir de la chose et que les Romains ont formulé,
en disant : *Præstare conductori uti frui licere*. Cette obligation est continue, elle se renouvelle à chaque instant,
et le loyer, qui en est le prix, n'est pas dû dès le
moment du contrat, il ne l'est qu'à mesure que s'ac-
complit l'obligation contractée par le bailleur. Ces principes ressortent clairement des lois 19, § 6 et 33, au
Digeste, livre 19, au titre *Locat. conduc.* (1). Ainsi le
louage n'est pas, comme on l'a dit, un contrat qui a
pour objet l'usage d'un corps certain, il ne peut donc
être comparé à la vente d'une *species*. L'objet du louage
n'est pas un corps certain, mais une chose future. C'est
pourquoi il faut que le contrat se résolve, lorsque la
condition implicite de son existence fait défaut, lors-

(1) L. 19. § 6. D. 19. 2. — L. 33. D. 19. 2.

que la jouissance devient impossible , de même que la vente d'une chose future se résout , lorsque cette chose n'existe pas.

Dire que le louage suit d'autres règles que la vente en matière de risques , est donc inexact ; il faut chercher l'analogie là seulement où elle se trouve , et il n'y en a qu'entre le louage et la vente d'une chose future et non la vente d'une chose qui existe au moment où le contrat est formé.

Nous devrons faire la même observation au sujet de la *locatio operarum*. En effet , celui qui loue son travail, promet une chose future. S'il ne peut fournir le travail, sans qu'il y ait de sa faute, le contrat se résout faute d'objet. Il est évident qu'il est condamné à des dommages-intérêts , si le travail n'a pu être exécuté par sa faute. D'un autre côté , si c'est le *conductor operarum* , qui ne veut recevoir les travaux , le salaire , *merces*, n'en est pas moins dû. En effet , c'est le maître qui a fait défaillir la condition sous laquelle la *merces* était due , et l'on suit le principe général adopté en matière de conditions , c'est que toute condition est censée accomplie lorsqu'elle est empêchée par celui que son accomplissement devait obliger. La loi 19 , ⸿ 9 , au Digeste, au titre *Locat. conduct.*, contient toutefois un tempérament commandé par l'équité, c'est que l'ouvrier devra souffrir qu'on déduise de son salaire ce qu'il a pu gagner ailleurs.

Il en est tout à fait de même dans la *conductio operis*. Si le *conductor* ne peut exécuter l'entreprise ; si , par exemple , le transport n'a pu avoir lieu , parce que le vaisseau a péri, ce contrat est résolu , ainsi que le décide la loi 15 , ⸿ 6 , D. 19. 2. Mais si le *conductor* était prêt à effectuer l'entreprise , *si per eum non stetit*, et que l'événement qui a empêché l'exécution provienne de celui pour le compte duquel se faisait l'entreprise ou le transport , comme dans le cas prévu par la loi 61 , D. 19. 2 , la *merces* serait due au *conductor* , sauf toutefois le tempérament de la loi 19, ? 9, *Locat. conduct.*, qui veut qu'il soit tenu compte de ce que le *conductor* aurait gagné ailleurs.

Dans l'emphytéose , lorsque la chose périt fortuitement , par exemple , des constructions (1), le contrat emphytéotique est résolu , et le canon n'est plus dû , car il est payé plutôt en reconnaissance de la propriété, que comme prix de bail ; et il y a défaut de cause , dès que la propriété cesse d'exister.

De ce principe que le *canon* constitue plutôt une reconnaissance du domaine , que le prix de la jouissance, découle ce corollaire, que si l'emphytéote , par suite de cas majeurs et imprévus , éprouve des pertes considérables dans les récoltes, ou que la chose soit détériorée fortuitement , aucune remise ne lui est due par le propriétaire. C'est ce que Justinien exprime en disant, aux Institutes , liv. 3, 24 , § 3.... « *Si totius rei interitus* » *accesserit, ad dominum super hoc redundare pericu-* » *lum , sin particularis , ad emphyteuticarium hujusmodi* » *damnum venire.* »

La question des risques et périls , dans le contrat de société, se résoudra généralement d'après les principes applicables, en matière de vente , toutes les fois que c'est la propriété même qui doit être mise en commun.

(1) Novelle 120. § 1 et 2.

Ainsi, lorsque l'associé doit apporter un corps certain et que ce corps certain périt fortuitement avant l'apport ; il sera libéré : « *Impossibilium nulla obligatio est* » et il conservera les droits résultant du contrat.

La solution serait différente si les choses avaient dû être mises en commun pour un usage ou pour une fin déterminé. La loi 58, D. 17, 2, établit à cet égard une distinction que nous reproduisons : «Vous avez trois chevaux pareils entre eux, j'en ai un quatrième également semblable, et nous nous proposons de les réunir. Mais avant que la mise ait été effectuée, mon cheval périt fortuitement : Si la mise en commun devait s'effectuer, afin que nous ayions un quadrige, à vous pour trois-quarts, et à moi pour un quart, nous demeurerons associés après la perte et j'aurai droit au quart dans la propriété indivise des trois chevaux qui restent. Mais s'il s'agit de mettre quelque chose en commun pour un usage déterminé, dans le but, par exemple, dans l'hypothèse actuelle, de tirer un meilleur prix du quadrige que nous formerions avec vos trois chevaux et le mien. « *Si non habendæ quadrigæ, sed vendendæ, coïta est societas,* » la perte de mon cheval avant la mise en commun, aurait pour effet de résoudre le contrat, car le but de la société n'étant pas d'établir une communauté de biens, mais de vendre plus avantageusement un quadrige, ne peut être atteint après la mort de celui qui m'appartenait.

Nous avons déjà dit qu'un *genus*, une *quantitas*, ne périssaient jamais ou presque jamais. Aussi l'associé qui a promis d'effectuer l'apport d'un genre ou d'une quantité, n'est pas libéré par la perte qu'il éprouve, ses associés ne doivent lui en tenir aucun compte et quel que soit l'événement, il est tenu d'exécuter son obligation.

IIe SECTION.

Contrats innommés.

Aucune règle spéciale ne vient régir, dans les contrats innommés, la théorie des risques et périls. Elle se décide d'après l'analogie que le contrat innommé présente avec tel ou tel contrat nommé. C'est la méthode que les jurisconsultes Romains mettent en pratique toutes les fois qu'ils ont à rechercher les effets que doivent produire les contrats innommés; ils les comparent aux contrats nommés et ils tirent leurs solutions de l'analogie qui existe entre eux. Il suffit de lire, en effet, les lois L. 1, D. 19. 3, L. 13, D. 19. 5, L. 5, § 4, D. 19. 5, etc., etc., pour s'en convaincre.

Pour déterminer les règles à suivre en matière de risques et périls, il faut donc rechercher l'analogie du contrat innommé avec un contrat nommé, et faire au premier l'application des règles qui régissent le second. Voici les principes qui se fondent sur cette analogie : Dans l'échange, la question de risques se décide comme au contrat de vente. Pour le démontrer, distinguons plusieurs hypothèses.

1° L'une des choses périt avant qu'aucune des parties ait exécuté son obligation. Remarquons d'abord, dans ce cas, que la prestation d'une part, est à l'échange ce que le simple consentement est à la vente; il s'ensuit que si l'une des parties exécute le contrat, alors que le

corps certain, que le coéchangiste devait donner a déjà
péri, elle pourra répéter la chose *condictione sine causa*.
En effet, l'exécution de l'obligation de cette partie manque son effet, de même que la vente est nulle, si le
corps certain a péri au moment où le consentement
intervient ; l'acheteur pourrait alors répéter ce prix par
cette même *condictio* (1).

2° Supposons maintenant qu'une des parties ait exécuté son obligation, qu'elle ait livré le corps certain à
l'autre partie, si la chose qu'elle devait recevoir en
échange vient à périr fortuitement et avant que l'autre
partie ait été constituée en demeure, ce sera le créancier, celui dont la prestation a eu lieu, qui supportera
la perte ; en effet, le contrat aura été parfait et le débiteur de la *species* qui aura péri, sera libéré en vertu du
principe : *Impossibilium nulla obligatio est;* il sera censé
avoir donné la chose que le hasard seul l'a empêché de
livrer. Nous trouvons cette décision aux lois 10. C. 4.
6. et 5. D. 19. 5. Le créancier du corps certain en supporte les risques et le débiteur est libéré par le hasard.
La loi 5. § 1. D. 19. 5, confirme ce principe par l'hypothèse suivante : Si je vous ai donné des coupes d'argent pour que vous me donniez *Stichus*, ce sera moi
qui supporterai les risques de l'esclave, de même que
l'acheteur, dès le moment du contrat, supporterait les
périls de la chose vendue.

Ce principe, toutefois, a trouvé des contradicteurs.
Thibaut, se fondant sur la loi 16. D. 12. 4, a soutenu
que l'échange suivait des règles autres que la vente,

(1) L. 57. D. 18. 1. L. 16. D. 12. 4.

que lorsque l'échangiste obligé par la prestation à lui faite, est ensuite libéré par l'effet du hasard, l'autre pourra répéter ce qu'il a donné. Voici les termes de la loi 16 : *Dedi tibi pecuniam , ut mihi Stichum dares......* *Si* MORTUUS EST *Stichus, repetere possum, quod ideò tibi dedi , ut mihi Stichum dares.*» Faisons observer tout d'abord que ceci est un échange , quoique au premier aspect, on puisse y voir une vente ; il ne faut pas oublier, en effet, qu'en Droit Romain , la vente n'a pour objet que le *tradere* et non le *dare.* Quant à la solution de la difficulté suscitée à l'encontre de notre principe , elle se trouve dans les termes de la loi ; la loi ne dit pas , en effet , *si Stichus moritur*, et mais bien au passé : *si mortuus est*, ce qui indique clairement que Stichus était mort avant la formation du contrat. Dès-lors , dans l'espèce prévue , celui qui aurait fait sa prestation , se trouverait placé dans la situation d'un acheteur qui aurait payé un objet qui n'existait déjà plus au moment du contrat ; il y aurait de sa part dation *sans cause* et par suite *condictio sine causa.* Ainsi , d'après notre explication , cette loi se trouverait d'accord avec les textes qui supposent le cas où Stichus est mort , après que le contrat était déjà parfait. Les principes qui régissent le contrat de vente, sont donc applicables à l'échange, et il en résulte que ni la *condictio causa data , causa non secuta*, ni l'action *præscriptis verbis* , ne peuvent être intentées , lorsque l'échangiste à qui une prestation a été faite , ne peut accomplir la sienne , parce que cette impossibilité , que sa faute n'a pas amenée , équivaut à l'exécution , ainsi que les textes l'établissent pour la vente.

Examinons les contrats innommés qui se rapprochent

du mandat. La loi 5. § 3. D. 12. 4, nous en fournit un exemple. Désirant donner la liberté à un esclave , je donne de l'argent à son maître pour qu'il l'affranchisse ; mais dans l'intervalle, l'esclave s'enfuit, puis-je répéter ce que j'ai donné? Celui qui devait affranchir l'esclave et qui ne l'a pas fait, est-il dans la situation du vendeur qui est censé avoir rempli son obligation, lorsque la perte de la chose par cas fortuit l'empêche de la livrer? Le jurisconsulte distingue : si le maître, en recevant l'argent , avait l'intention de vendre l'esclave , et qu'il ne l'ait pas vendu , pour pouvoir l'affranchir, il n'y a pas lieu à répétition. S'il n'avait pas l'intention de le vendre, la répétition a lieu. Le motif de cette distinction se trouve sans contredit dans l'analogie qui existe au premier cas avec la vente , au deuxième avec le mandat. Si le maître avait l'intention de vendre l'esclave, en refusant la répétition , le jurisconsulte décide comme s'il y avait vente, et en effet , le contrat implique vente et de plus mandat, pour affranchir. Dans l'autre cas , c'est l'analogie avec le mandat qui prédomine, il n'y a pas vente, ni rien qui en approche , le maître n'avait pas l'intention de vendre l'esclave et en eût supporté la perte, si le contrat n'était pas intervenu. L'affranchissement , objet de ce contrat, que nous appellerons un quasi-mandat, ne pouvant avoir lieu, il est juste d'accorder la répétition de l'argent, qui n'avait été donné au maître qu'en compensation du préjudice que lui eût causé l'exécution de ce quasi-mandat.

Le contrat innommé , dit *œstimatorius* , se rapproche tantôt du mandat , tantôt de la société. C'est d'après les points de contact plus ou moins intimes qu'il présente avec l'un ou l'autre de ces contrats, qu'on décide la

question des risques. Examinons à ce sujet la loi 17.
§ 1. D. 19. 5. Le jurisconsulte Ulpien prévoit l'hypothèse suivante : Je vous donne à vendre des perles, sous
estimation , à condition que vous me rendiez les perles
ou que vous m'en remettiez le prix, suivant l'estimation;
à la charge de qui sont les risques et périls ? Ulpien distingue trois cas : « *Si quidem ego te venditor rogavi ,*
meum esse periculum. Si tu me tuum : Si neuter nos-
trum , sed duntaxat consensimus , teneri te hactenus , ut
dolum et culpam mihi præstes. Actio autem ex hac causa
utique erit præscriptis verbis. »

Première hypothèse. — Je vous donne des perles de
mon propre mouvement, sous estimation , afin que vous
les vendiez. Ce fait présente la plus grande analogie
avec le mandat. Il y aurait mandat, si l'office du revendeur était entièrement gratuit ; s'il n'avait la chance de
réaliser des bénéfices sur l'objet qui lui a été confié et
s'il ne pouvait retenir l'excédant (1). D'après cette res-
semblance, il est donc naturel que les risques soient pour
celui qui a donné commission de vendre ; de même que
dans le mandat ils sont pour le mandant, pourvu que le
mandataire n'ait pas de faute à se reprocher. En définitive, si j'ai donné commission de vendre la chose , elle
est à mes risques et périls.

Deuxième hypothèse. — N'ayant pas l'intention de
vendre des perles , vous m'engagez à le faire. — Ici il
y a encore analogie avec le mandat. Mais cette fois, c'est
le revendeur, l'auteur de la proposition , qui est le quasi-
mandant, et qui en cette qualité a les risques à sa

(1) L. 15. D. 19. 5.

— 28 —

charge, de même que le véritable mandant porte la responsabilité de la gestion, toutes les fois qu'il engage une autre personne, fût-ce dans l'intérêt exclusif de cette personne, à faire ce qu'elle n'aurait point fait (1).

Troisième hypothèse. — Il résulte des circonstances que ni l'un ni l'autre n'est l'auteur de la proposition. — Ici le texte dit simplement qu'il y a lieu à l'action *præscriptis verbis*. Quant à la question des risques, nous croyons, sans hésiter, qu'ils sont à la charge de celui qui a donné à vendre. En effet, dans cette conjoncture, le contrat présente la plus grande affinité avec la société. Il y aurait société, si ce n'était une condition essentielle de l'existence de ce contrat, que chaque contractant ait sa part dans les profits. Or, ici, il est bien certain que celui qui a donné à vendre, recevra le prix d'estimation, mais il est chanceux que l'autre puisse vendre l'objet au-delà de la somme fixée. Donc, il n'y a pas de société : *societas non videtur contracta in eo, qui te non admisit socium distractionis, sed tibi certum pretium excepit* (2). Quoi qu'il en soit, l'analogie existe, et par ce motif, conformément aux règles de la société, le revendeur ne répondra pas des cas fortuits ; ce qui nous confirme dans notre opinion, c'est le texte de la loi 52, § 3, D. 17, 2. Nous voyons, en effet, dans cette loi qu'un associé qui a reçu du bétail sous estimation pour le vendre, est tenu de sa faute, mais qu'il ne répond nullement des cas fortuits et de force majeure.

En résumé, lorsqu'un objet est donné sous estima-

(1) L. 11. D. 12. 1. L. 6. § 5. D. 17. 1.
(2) L. 15. D. 19. 5.

tion , sur la proposition de celui qui le confie , celui-ci
est considéré comme mandant et demeure comme tel ,
chargé des risques et périls ; le revendeur n'est responsable que de sa faute. Même solution , lorsqu'il est impossible de déterminer d'après les circonstances qui est
l'auteur de la proposition. Enfin , lorsque l'objet est
donné sur la proposition de celui qui est chargé de vendre , celui-ci supporte les risques et périls , il est considéré comme mandant dans une affaire où les deux parties sont intéressées.

Tous les contrats, nous l'avons vu, les contrats nommés
directement , les contrats innommés par analogie , sont
régis par la règle : *impossibilium nulla obligatio est.* C'est
dans cette maxime que se résume toute la théorie des
risques et périls ; un contrat parfait ne peut être résolu
par le hasard , mais doit s'exécuter dans toutes les limites du possible : *Casus fortuiti à nemine præstantur.*

Appendice au Droit Romain.

Après avoir essayé de démontrer quels sont les principes qui régissent, en Droit Romain , la théorie des risques et périls , nous allons examiner si les règles que
nous avons adoptées sont applicables au Droit Français , et nous allons suivre les modifications que ces
règles ont subies dans notre législation.

La maxime : *res perit domino* , avons-nous dit , n'a
jamais existé en Droit Romain , et son origine se trouve
dans la lutte du Droit Romain et du Droit Germanique.
Cette règle doit-elle être admise dans notre Droit , y est-

elle d'une application générale ? C'est ce que nous allons examiner tout d'abord.

CHAPITRE IV.

M. Troplong, après avoir résumé la doctrine de Pothier, sur l'application de la maxime : *res perit domino*, ajoute que la règle : *species debita perit creditori*, employée par ceux qui adoptent la maxime : *res perit domino*, dans les cas où celle-ci ne peut être suivie, avait été jugée contraire au Droit Naturel par Puffendorf, Barbeyrac et surtout par Grotius, et que Cujas même avait trouvé moyen de concilier les lois Romaines avec l'équité, en s'appuyant sur un texte d'Africain, la loi 33, D. 19, 2, et soutenait ainsi que l'acheteur, privé de la chose, n'en devait pas le prix ; opinion qui n'a pu prévaloir contre le nombre et l'autorité des textes péremptoires qui établissent si nettement la doctrine contraire. Après ce résumé succinct et exact de la doctrine et de la jurisprudence, en Droit Romain, sur la matière, M. Troplong se félicite que le Droit Français, par sa théorie sur la transmission de la propriété par le seul effet du contrat, ait pu établir une harmonie parfaite entre les notions du Droit Naturel et la règle que la chose périt pour l'acheteur.

En effet, dit-il, l'acheteur étant investi de la propriété dès que le contrat est parfait, c'est le propriétaire qui souffre de la perte de la chose, et il ne reste plus qu'à dire avec la raison et la plus stricte justice : *res perit domino*.

Nous reconnaissons que la transmission de la pro-

priété par le seul effet de la convention, a étendu la règle *res perit domino*, aux cas où l'on disait auparavant
species debita perit creditori, puisque, sous l'empire du
Code, le créancier d'un corps certain est en même-
temps propriétaire. Cependant nous observerons que
cette règle n'est pas d'une application universelle, qu'elle
ne peut être adoptée lorsqu'il s'agit de l'obligation *de
faire*, et par conséquent à l'occasion d'un louage d'ouvrage, et qu'elle peut conduire à des conséquences er-
ronées dans le contrat de mandat et dans le contrat de
société. Car si l'associé, en gérant les affaires de la société, perd fortuitement une chose qui lui appartient,
cette perte est supportée non par lui, mais par la société
(Art. 1852), et il en est de même du mandataire, quant
aux pertes fortuites qu'il fait à l'occasion de son mandat (1). Nous aurons même à signaler que dans le contrat
de vente, cette maxime, selon l'expression de M. Duvergier, n'est pas un guide infaillible.

La théorie romaine sur les risques et périls est généralement suivie en Droit Français, sauf dans les contrats synallagmatiques, en ce qui concerne la vente conditionnelle : la vente *ad gustum* et le contrat de louage
d'ouvrage.

Ainsi, toutes les fois qu'il s'agit de donner ou de restituer une chose, la règle *res perit domino*, ou plutôt celle
plus générale : *species debita perit creditori*, reçoit application. « L'obligation de livrer la chose est parfaite par
le seul consentement des parties contractantes. Elle rend
le créancier propriétaire et met la chose à ses risques
dès l'instant où elle a dû être livrée, encore que la tra-

(1) Art. 2000 C. N.

dition n'en ait point été faite, à moins que le débiteur ne soit en demeure de la livrer, auquel cas la chose reste aux risques de ce dernier. » (C. N. Art. 1138).

Dans le prêt à usage, le prêteur reste propriétaire de la chose prêtée (Art. 1877). L'emprunteur est débiteur de cette chose, par conséquent débiteur d'un corps certain ; aussi est-il libéré de son obligation si la chose périt par cas fortuit (Art. 1302).

Dans le prêt de consommation, le prêteur cesse d'être et l'emprunteur devient propriétaire de la chose prêtée (Art. 1893). Ce dernier est alors tenu de rendre, non pas la chose qu'il a reçue, mais une chose semblable. De là il suit que la perte fortuite de la chose prêtée ne le libère point de son obligation. En effet, ce n'est point de cette chose qu'il était débiteur, il devait une chose *in genere*, et les genres ne périssent point. Les risques de la chose prêtée sont donc dans le prêt de consommation, à la charge de l'emprunteur.

Le dépositaire, le créancier gagiste, le tuteur, sont libérés par la perte fortuite de la chose.

Dans l'obligation *de faire*, le débiteur est libéré, si par cas fortuit ou par force majeure, il est mis dans l'impossibilité d'exécuter son obligation.

Dans l'obligation alternative, soit que l'on admette que la convention de donner deux corps certains sous une alternative est translative de propriété, soit que l'on admette au contraire que cette convention est simplement génératrice d'obligations, les risques des choses vendues sont à la charge du vendeur. (Art. 1193).

Si je vous ai vendu deux choses, sous une *conjonctive*, ces deux choses vous appartiennent purement et simplement dès le moment du contrat et dès ce moment elles sont à vos risques et périls.

Dans l'obligation facultative, si la chose principale vient à périr, le débiteur est libéré, la seconde n'ayant été mise dans l'obligation que pour faciliter le paiement, *in facultate solutionis* et par suite, le débiteur reste obligé, quoique cette dernière ait péri.

Dans l'obligation sous clause pénale, si la chose due périt par cas fortuit, le créancier n'a pas le droit d'exiger le bénéfice de la clause pénale. (Art. 1227).

CHAPITRE V.

La vente, nous le savons, est en Droit Français translative de propriété, à la différence du Droit Romain, où elle est simplement génératrice d'obligations. De là il suit qu'on peut sans inconvénient faire l'application de la maxime *Res perit domino* aux risques et périls, dans la vente pure et simple d'un corps certain; l'acheteur devenant propriétaire par le seul effet du contrat, les périls sont donc pour lui. Il est vrai qu'aucun texte formel n'oblige l'acheteur à payer le prix, lorsque le vendeur a livré le corps certain qui a péri fortuitement, mais cela ressort si nettement et si clairement de l'esprit de la loi et des discussions qui eurent lieu au Conseil d'Etat, qu'on ne peut avoir le moindre doute à cet égard. La loi interprétant la volonté des parties, a sainement présumé que celui qui transférait la propriété d'une chose à un autre, comptait bien ne plus avoir à sa charge un objet qui n'était plus à lui, qui était sorti de son patrimoine. Et cela est vrai, non-seulement lorsque le contrat est pur et simple, mais encore lorsqu'il est à

3

terme, car le terme n'empêche point que la propriété soit transférée dès le jour même du contrat.

En ce qui concerne la question des risques, dans la vente conditionnelle, le Code Napoléon s'écarte du Droit Romain et de l'ancienne jurisprudence; en effet, tandis que le Droit Romain fait supporter à l'acheteur le risque des détériorations dans la vente conditionnelle, l'art. 1182 lui donne le droit de se départir du contrat ; de sorte qu'en définitive le risque des détériorations comme celui de la perte totale peut retomber sur le vendeur. Voici ce que porte à cet égard l'art. 1182 : « Lorsque l'obligation a été contractée, sous une condition suspensive, la chose qui fait la matière de la convention demeure aux risques du débiteur qui ne s'est obligé de la livrer que dans le cas de l'événement de la condition.

Si la chose est entièrement périe sans la faute du débiteur, l'obligation est éteinte.

Si la chose s'est détériorée sans la faute du débiteur, le créancier a le choix ou de résoudre l'obligation ou d'exiger la chose dans l'état où elle se trouve, sans diminution du prix.

Si la chose s'est détériorée par la faute du débiteur, le créancier a le droit ou de résoudre l'obligation ou d'exiger la chose dans l'état où elle se trouve, avec des dommages et intérêts. »

Ces dispositions ont été l'objet, de la part des commentateurs, de diverses observations et même de diverses critiques. On a fait remarquer qu'il n'était pas vrai de dire que dans tous les cas d'obligations contractées sous une condition suspensive, la chose qui en fait la matière demeure aux risques du débiteur. Cela n'est absolument vrai que dans les contrats synallagmatiques ou unilatéraux à titre onéreux. En effet, si je vous ai donné ma maison sous cette condition : si le navire revient de l'Asie, dans l'année, et que la maison périsse par cas fortuit, elle périt bien, sans doute, pour moi, débiteur, si la condition ne se réalise pas; mais si la condition se réalise, la maison périt pour vous créancier.

Dans les ventes sous condition suspensive, si la chose vient à périr par cas fortuit, pendant que la condition est encore en suspens, il est parfaitement vrai de dire qu'elle périt pour le débiteur qui s'était obligé à la livrer sous cette condition, c'est-à-dire pour le vendeur. Dans le cas où la condition vient à défaillir, il ne peut y avoir de doute, car il n'y a pas vente. Mais le doute n'est pas permis non plus, quoique la condition se soit réalisée depuis la perte de la chose ; à ce moment, en effet, il n'y a plus rien qui fasse la matière de l'obligation et par conséquent l'événement de la condition devient indifférent. L'effet rétroactif de la condition ne peut s'opérer, parce qu'il ne peut avoir lieu qu'autant qu'il y a une obligation ; or, dans l'espèce, il n'y a plus d'obligation, faute d'une chose qui en soit l'objet. Le vendeur ne peut donc réclamer le prix, ni le retenir s'il lui avait été payé déjà, car il le réclamerait *sans cause*, *sine causâ*, ou pour *une cause* qui n'existe plus. Et quand l'art. 1182 dit que l'obligation est éteinte, il veut dire qu'elle est absolument sans effet.

Obervons toutefois que s'il avait été convenu que la perte arrivée par cas fortuit pendant que la condition serait en suspens, concernerait le créancier ou l'acheteur, l'on suivrait la loi du contrat, et le vendeur aurait droit au prix si la condition se réalisait. Il faut

supposer dans ce cas que le prix a été fixé en consé-
quence, les parties auront dû le considérer comme formant l'équivalent du droit de l'acheteur pour le cas où
la condition s'accomplirait, soit que la chose existât
alors ou non.

Il nous reste maintenant à examiner ce qui arrive
lorsque, *pendente conditione*, la chose subit des détériorations. C'est ici que les dispositions du Code Napoléon
ont été l'objet des critiques de divers auteurs, notamment de MM. Duranton et Marcadé.

En effet, dit-on, rien de plus juste et de plus raison-
nable que d'accorder au créancier le droit de résoudre
l'obligation ou d'exiger la chose dans l'état où elle se
trouve, avec des dommages et intérêts, lorsqu'elle est
détériorée par la faute du débiteur ; mais ce qui est plus
difficile à comprendre, c'est la faculté accordée au
créancier par l'art. 1182, de résoudre la convention
ou de se faire livrer la chose, toutefois, sans diminution de prix, lorsqu'elle est détériorée par cas fortuit.
Le Code Napoléon a dérogé dans ce cas aux an-
ciens, nous pourrions même dire aux véritables principes. Car si la chose eût reçu de l'accroissement,
l'acheteur en eût profité, pourquoi donc ne supporte-t-
il pas la diminution ? « Quelle différence devrait-il y
avoir, raisonnablement, quant à ce point, entre le cas
de vente sous une condition suspensive, qui est venue
s'accomplir, et le cas de vente faite avec un terme pour
la délivrance ? Aucune assurément, puisque la condition
accomplie a un effet rétroactif au jour du contrat. Lorsque la chose vient à périr, *pendente conditione*, on sent
très-bien le motif qui a porté le législateur et dans le Droit
Romain et dans le Droit Français, à déclarer que l'o-

bligation est éteinte, ou pour mieux dire qu'il n'y a pas eu d'obligation du tout ; car il ne peut en exister sans un objet , et au moment où l'accomplissement de la condition viendrait à réaliser l'obligation , qui n'était jusqu'alors qu'une simple espérance , cet objet n'existe plus. Mais on ne peut dire la même chose lorsque l'objet de l'obligation existe encore , quoiqu'il soit détérioré , il peut encore être l'objet d'une vente , alors la règle : *quem sequuntur commoda eumdem sequi debent incommoda,* demandait que les détériorations survenues par cas fortuit , et avant que le débiteur fût en demeure, fussent supportées par l'acheteur et par conséquent, que celui-ci n'eût pas le droit de résoudre le contrat et de faire de la sorte supporter les mêmes détériorations au vendeur (1).

La lecture de l'exposé des motifs de Bigot de Préameneu , explique l'étrangeté de cette disposition législative , par la préoccupation trop grande que l'on avait alors de la maxime : *res perit domino.* Dans la vente sous condition , disait Bigot de Préameneu , le débiteur restant propriétaire jusqu'à l'accomplissement de la condition , ce doit être à ses risques que la chose diminue ou se détériore ; et le créancier , s'il n'est pas en faute , doit avoir le choix de résoudre l'obligation ou d'exiger la chose dans l'état où elle se trouve , avec des dommages et intérêts.

Vente de choses qui se comptent , se pèsent , se mesurent. —On doit distinguer plusieurs hypothèses pour ces sortes de ventes, afin de déterminer à la charge de qui se trouvent les risques.

(1) M. Duranton , 11e vol. no 80.

1o Si des marchandises ont été vendues en bloc, c'est-à dire, s'il y a *individualité* dans la chose vendue et *unité de prix*, par exemple si je vends pour 1,000 fr. le blé qui est dans mon grenier, la vente est parfaite sous tous`les rapports ; c'est comme si l'on avait vendu une maison, une terre. Cette vente transfère donc la propriété et met les risques à la charge de l'acheteur (Art. 1586)

2o En second lieu, on peut vendre une portion indivise d'une masse déterminée. Je vous vends la moitié du blé qui est dans mon grenier. La vente, dans ce cas, est encore parfaite, elle transfère la propriété et met les risques à la charge de l'acheteur.

3° On peut vendre une masse individuelle, non pas pour un prix unique, mais à raison de tant la mesure. Je vous vends le blé qui est dans mon grenier à raison de 20 fr. l'hectolitre. Dans ce cas la vente est bien parfaite en ce sens qu'elle crée des obligations réciproques : pour le vendeur l'obligation de faire compter, peser ou mesurer les marchandises, pour l'acheteur celle de recevoir les marchandises comptées, pesées ou mesurées et de payer le prix convenu ; mais elle n'est point parfaite en ce sens qu'elle met les risques à la charge du vendeur, tant que les choses n'ont pas été comptées, pesées ou mesurées. (Art. 1585). La vente est valable, quoique le prix ne soit pas déterminé au moment où elle se forme; car la somme à payer sera fixée plus tard par le pesage ou le mesurage. La validité de la vente dépend donc du pesage ou du mesurage comme d'une condition suspensive ; il ne peut, en effet, y avoir vente définitive sans prix déterminé (Art. 1591). L'acheteur devient propriétaire conditionnellement, et si le vendeur tombe en faillite, il pourra revendiquer, en offrant de payer le prix tel qu'il sera déterminé par le mesurage. Mais les risques ne sont pas à sa charge, car, dans les ventes conditionnelles, les choses vendues restent aux risques et périls du vendeur. Il serait impossible de déterminer le prix qu'il devrait payer, puisque le blé ayant péri, le mesurage ne pourrait s'effectuer ;

4o On peut vendre pour un seul prix une certaine quantité de mesures à prendre dans une masse individuelle. Je vous vends pour 100 fr. 10 hectolitres de blé, à prendre dans le tas qui est dans mon grenier. Nous pensons que, dans ce cas, la question des risques doit se décider comme pour la vente d'une chose *in genere*. Le tas de blé qui est dans mon grenier peut être considéré comme un genre, comme un genre très-limité, il est vrai, mais, en définitive, comme le tas renferme un grand nombre de mesures, on ne peut savoir quelles sont les mesures, quels sont les grains qui forment l'objet de la vente. Le contrat est bien parfait au point de vue des obligations, mais il est imparfait au point de vue de la translation de propriété et des risques.

On s'est demandé ceci, à propos des deux dernières hypothèses que nous avons prévues : s'il était démontré, d'une part, que ce sont bien les marchandises vendues qui ont péri, ou que la masse sur laquelle devaient être prises les marchandises vendues a été totalement anéantie, et, de l'autre, que la perte fût également arrivée chez l'acheteur si les marchandises lui eussent été livrées, pourrait-on, dans ce cas, et par application de l'art. 1302 du Code Napoléon, faire supporter la perte à l'acheteur ? « Non, sans doute, répond M. Duvergier; d'abord parce que l'art. 1585 n'admet pas cette distinction, et en second lieu parce que la pesée, le mesurage ou le compte n'étant plus possible, la quotité des choses vendues reste incertaine; par conséquent il n'y a aucun moyen de déterminer le prix, et la vente est, par cela même, privée d'existence. »

Pour la vente de choses qu'on est dans l'usage de goûter avant d'en faire l'achat, le Code Napoléon s'est écarté du Droit Romain. L'acheteur, d'après la loi 4, § 1, D. 18, 6, supporte le risque même de la chose qui doit être dégustée, si c'est un corps certain, et le vendeur n'encourt que la perte provenant de l'acidité ou de la corruption. L'art. 1587, au contraire, met tous les risques à la charge du vendeur, sans distinguer si la vente a eu pour objet une certaine quantité à prendre dans une plus grande, ou bien un corps certain, par exemple telle pièce déterminée. « A l'égard du vin, de l'huile et des autres choses qu'on est dans l'usage de goûter avant d'en faire l'achat, il n'y a point de vente tant que l'acheteur ne les a goûtées et agréées. » (art. 1587, Cod. Nap.).

Le Droit Romain considérait la vente à l'essai comme faite sous condition résolutoire, et mettait par conséquent les risques à la charge de l'acheteur. Le Code Napoléon considère cette vente comme faite sous condition suspensive. Les risques restent donc à la charge du vendeur. (1588).

Le contrat de louage a pour effet, non pas de transférer au preneur un droit réel, mais simplement d'obliger le bailleur à le faire jouir de la chose louée. Le prix de location n'est dû que pour une chose future, et lorsque cette chose est devenue impossible, il est tout naturel que le contrat soit résolu. Aussi l'art. 1722 décide que la perte fortuite de la chose libère le bailleur, qui ne doit au preneur aucun dédommagement.

De même, dans la *locatio operis*, lorsque celui qui s'est engagé à fournir un ouvrage est mis dans l'impossibilité de le faire par cas fortuit ou par force majeure, le contrat est résolu ; mais si le maître qui doit recevoir l'œuvre ne la reçoit pas, lorsque l'ouvrier ou l'acheteur est prêt à la fournir, le maître doit des dommages et intérêts. Comme en Droit Romain, l'entrepreneur ne répond que de la faute et non du cas fortuit (1). Mais ici le Droit Français se sépare du Droit Romain. D'après l'art. 1792 l'architecte est responsable pendant dix ans, non-seulement des vices de l'œuvre, mais encore des vices du sol, tandis que la loi romaine le dégage de la responsabilité de ces derniers.

En Droit Romain, lorsqu'il s'agit de déterminer à quelles conditions un fermier qui a souffert un dommage dans les récoltes a droit à une remise, on distingue entre les cas fortuits ordinaires et ceux qui arrivent plus rarement. La loi 15, § 2 D. 19, 2, consacre cette distinction entre les *casus soliti* et les *casus insoliti*. Ainsi les pertes causées par les intempéries, les neiges, les chaleurs ou les frimats excessifs donnent lieu à une réduction, lorsque ces accidents sont insolites. Quant à ceux que la loi énumère et présente sous le nom de *extrà rem*, c'est-à-dire ayant leur cause en dehors de la chose endommagée, ils donnent lieu à la remise du fermage, parce qu'ils ont été au-dessus de toutes les prévisions humaines. Au contraire, les dommages produits *ex*

(1) L. L. 56, 37. 62 et 59. D. 19. 2.

re ipsa, par l'inondation, dont la cause se trouve dans la situation même du lieu, la proximité du fleuve, ou bien par suite d'autres événements qu'on a pu prévoir, ces dommages, disons-nous, ne donnent droit à aucune remise. Pothier a reproduit cette doctrine, mais le Code l'a rejetée. L'art. 1769 ne fait aucune distinction entre les cas fortuits ordinaires et les cas fortuits extraordinaires.

Ce n'est qu'au cas où le fermier a stipulé expressément que les cas fortuits seraient à sa charge, que la loi distingue les cas extraordinaires et les cas ordinaires. La loi, interprétant la clause dans un sens favorable au fermier, suppose qu'il n'a voulu se charger que des cas fortuits ordinaires, puisque ce sont les seuls qui ont pu entrer dans la pensée des contractants. Mais on comprend qu'il en serait différemment si le fermier s'était expressément chargé des cas prévus et imprévus (1773).

Lors même que le fermier n'a pas pris à sa charge les cas fortuits, c'est cependant à lui à supporter la perte dont la cause était déjà existante et connue au moment du bail.

Enfin, faisons observer que la perte des fruits détachés de la terre ne peut donner lieu à aucune indemnité au profit du fermier. Tant que les fruits sont pendants ils font partie du sol et appartiennent au bailleur; si donc ils périssent dans cet état, le bailleur ne pouvant procurer au preneur une jouissance effective de la chose, n'a pas droit au prix qui est destiné à la payer. Mais une fois détachés, ils appartiennent au preneur, qui, par conséquent, a eu la jouissance effective de la chose; le bailleur peut donc réclamer le prix qui forme l'équivalent de la jouissance qu'il a procurée.

La matière des indemnités à payer au fermier, en cas de perte par cas fortuit, est réglée par les art. 1769 à 1773 du Code Napoléon. Cette théorie a donné lieu à des difficultés que nous n'examinerons pas, parce qu'elles ne rentrent pas dans le cadre que nous nous sommes tracé.

Dans la société, si un associé a promis la propriété d'un corps certain, la question des risques se résout absolument comme dans la vente. Ainsi la propriété du corps certain dont l'apport a été promis, est acquise à la société du jour du contrat et sans qu'il soit besoin de tradition ; dès ce moment les risques et périls sont à sa charge ; c'est pour elle qu'elle périt si la perte arrive par cas fortuit, même avant la délivrance.

Si l'associé a promis l'usufruit d'un corps certain, nous donnerons la même solution que ci-dessus. La société supportera le risque si la chose vient à périr avant ou après la délivrance. Le Code, en disant à l'art. 1851, § 1er « les choses dont la jouissance seule a été mise dans la société sont aux risques de l'associé propriétaire, » exprime cette idée que la société, par la perte du corps certain dont elle a la jouissance, est libérée de l'obligation de la restituer ; mais la chose n'en est pas moins à ses risques et périls, en ce sens que la perte de cette chose n'emporte pas sa dissolution.

Lorsque la société devient propriétaire des choses dont on lui concède l'usufruit, par exemple de choses qui se consomment *primo usu*, ou d'objets qui se détériorent, indépendamment de tout usage, du linge par exemple, il importe peu de savoir si les choses périssent ou non, parce que la société est débitrice d'un genre et les genres ne périssent point.

Lorsque l'associé a promis de faire jouir la société d'un corps certain, les rapports qui se forment alors entre l'associé et la société, sont les mêmes, au point de vue des risques que ceux qui existent entre le bailleur et le fermier. Lors même que la délivrance est faite, l'associé n'a pas complétement exécuté son obligation ; il est encore tenu de faire jouir la société tant qu'elle dure. Ainsi si la chose vient à périr fortuitement avant la délivrance, la société manque de se former et elle se dissout par la perte de cette même chose lorsque la tradition en a déjà été faite.

Ceci posé, arrivons aux difficultés qu'a suscitées la rédaction de l'art. 1867. Cet article est ainsi conçu : « Lorsque l'un des associés a promis de mettre en commun la propriété d'une chose, la perte survenue avant que la mise en soit effectuée, opère la dissolution de la société. — La société est également dissoute dans tous les cas par la perte de la chose, lorsque la jouissance seule a été mise en commun et que la propriété en est restée dans la main de l'associé.

Mais la société n'est pas rompue par la perte de la chose dont la propriété a déjà été apportée à la société.»

A ne voir que le texte des §§ 1 et 3, sans le rapprocher des termes primitifs du projet, et sans tenir compte des modifications qui ont amené la rédaction définitive, on serait tenté de croire que le législateur, oubliant les principes posés aux art. 711, 1138, 1583, sur le transport de la propriété par le seul effet de la convention, est retombé à l'art. 1867 dans l'ancien système, d'après lequel la tradition était requise pour rendre la société propriétaire de la mise due par l'associé. Cette opinion a été défendue par des jurisconsultes dis-

tingués, entr'autres par M. Pardessus. Mais les raisons
qu'on donne à l'appui n'ont pas une grande portée. On
peut se convaincre qu'il n'y a ni anomalie, ni exception
par la lecture des travaux préliminaires. On voit que la
disposition des §§ 1 et 3 a été puisée dans Pothier, *de
la Société*, n° 141, et où cet auteur explique la loi 58
D. 17, 2. - D'après cela, le § 1 se rapporte au cas où
l'un des associés doit apporter une chose, non pas pour
en faire une chose commune, mais pour une certaine
destination. (Dans l'espèce prévue par la loi 58, l'espèce,
comme nous l'avons déjà vu, consiste à vendre un quadrige), tandis que le § 3 se rapporte au cas où la chose
même doit être mise en commun. Le Droit Romain fait
cette distinction très fondée, nous l'avons vu par l'espèce
de la loi 58; elle résulte encore de la rédaction primi-
tive du § 1, ainsi conçu : « S'il a été contracté société,
disait-on, pour y mettre le prix de la vente à faire en
commun de plusieurs choses appartenant à chaque associé et que la chose de l'un d'eux périsse, la société est
éteinte. » Cette disposition souleva des discussions au
Conseil-d'Etat; et en définitive, elle fut rejetée comme
ayant trop l'air d'une règle donnée dans un exemple. De
là, la rédaction suivante : « La chose que l'un des associés devait mettre dans la société et qui a péri, opère
la dissolution de la société », rédaction plus générale,
mais obscure et incorrecte. Un nouvel amendement au
Tribunal ne rendit l'article que plus obscur. On voulut com-
bler une lacune et faire mention du cas où la chose ne
devait être mise en commun que quant à l'usage ou à
la jouissance. Et cette rédaction fut définitivement adoptée et forma l'art. 1867.

Examinons maintenant quels sont les cas auxquels
s'applique le § 1.

D'abord il est clair qu'il s'applique au cas de la loi 58 , où des choses doivent être mises en commun pour une certaine destination , but et condition de l'existence même de la société. Cependant les termes de l'art. 1867 sont plus généraux , ils s'appliquent aussi aux cas où une chose, soit à cause des circonstances , soit à cause de l'intention des parties , n'a pu devenir la propriété de la société à l'instant même. M. Delvincourt a enseigné , avec raison je crois, que le § 1 s'appliquait au cas où l'un des associés avait promis d'apporter la chose d'autrui en société.

M. Duvergier fait l'application de l'article au cas où il aurait été convenu que la propriété de la chose , constituant l'apport, ne passerait à la société qu'après un certain temps.

Enfin , l'art. 1867 s'applique d'une manière évidente à l'espèce prévue par M. Troplong (1). Il suppose qu'un des associés a promis de mettre en commun une cargaison de blé qui , partie d'Odessa , sur un navire désigné , doit arriver bientôt à Marseille , et qu'il se propose de l'acheter. En un mot, le § 1 de l'art. 1867 s'applique à tous les cas où l'on peut promettre seulement d'apporter la propriété d'une chose , sans que par suite des circonstances ou de la volonté même des parties , on ne puisse transférer immédiatement la propriété, ainsi que cela a lieu dans les exemples que nous avons cités.

Il résulte de ce qui précède que le § 1 de l'art. 1867 ne distingue pas la promesse d'apporter la propriété du transfert même de la propriété , dans ce sens que la

1) *Traité du Contrat de Société*, n° 932.

propriété ne pourrait être transférée que par la tradition, mais il distingue la promesse d'avec le transfert,
dans le sens qu'il y a des cas où l'on ne veut que promettre de transférer, sans qu'on puisse ou qu'on veuille
transférer à l'instant même. Mais remarquons que l'article 1867 ne détermine rien sur les conditions requises
pour le transport de la propriété, et que par conséquent
il ne déroge pas aux règles établies par les art. 711,
1138, 1845, etc.

Quant au § 2, il consacre seulement une règle depuis longtemps adoptée et que nous avons énoncée plus
haut, à savoir que lorsqu'un des associés a promis de
faire jouir la société d'un corps certain, il arrive tout
naturellement que la perte de la chose est une cause de
dissolution de la propriété; car la mise de l'associé consiste dans une chose future, le *præstare uti frui licere*:
lors donc que cette chose périt, cet associé n'a plus de
mise et la société est dissoute, conformément aux principes que nous avons exposés.

Dans le contrat de mandat on distinguait, en Droit
Romain et dans notre ancien Droit, les pertes dont l'exécution du mandat avait été la cause directe d'avec celles
dont elle n'avait été que la cause éloignée ou indirecte.
L'art. 2000 ne reproduit pas cette distinction, et le
mandant doit au mandataire des indemnités pour les
pertes fortuites dont le mandat a simplement été l'occasion.

Ainsi nous le voyons par les considérations qui précè-
dent, la règle *res perit domino* a, dans notre législation,
une portée qu'elle n'avait pas dans le Droit Romain. Cependant, comme nous l'avons déjà fait observer, cette
maxime n'est pas d'une application générale, et le Droit

Français ne se sépare que dans quelques cas des principes que nous avons posés, comme formant la base de
la théorie des risques, en Droit Romain.

Faisons de nouveau observer en terminant l'analyse générale de cette question, que nous l'avons considérée uniquement au point de vue des pertes par cas
fortuits, que nous n'avons pas même effleuré la théorie
des fautes et que par conséquent nous avons évité tout
ce qui se référait directement ou indirectement à cette
matière.

DROIT FRANÇAIS.

DES MARIAGES CONTRACTÉS EN PAYS ÉTRANGERS.

Le mariage étant essentiellement de Droit Naturel, les lois des divers peuples n'ont pu astreindre les nationaux à ne se marier qu'entre eux et dans les limites du territoire.

Il nous a paru intéressant d'examiner la législation française sur les mariages contractés en pays étrangers, soit entre Français, soit entre Français et étrangers, et des mariages contractés en France par des étrangers.

CHAPITRE I.

Du Mariage contracté par un Français en pays étranger (1).

Le Code Napoléon renferme deux textes qui se réfè-

(1) Des dispositions particulières régissent les militaires. (Art. 88 à 98 C. N.)

4

rent aux mariages contractés par des Français en pays
étranger, ce sont les art. 170 et 171.

L'art. 170 s'exprime ainsi : Le mariage contracté en
pays étranger entre Français et entre Français et étrangers, sera valable s'il a été célébré dans les formes usitées
dans le pays, pourvu qu'il ait été précédé des publications
prescrites par l'art. 63, au titre *des actes de l'état civil*,
et que le Français n'ait pas contrevenu aux dispositions
contenues au chapitre précédent. ·

De cet article ressort d'abord cette première consé-
quence, que le mariage sera valable s'il a été célébré
suivant les *formes* usitées dans le pays, c'est une application de la maxime : *locus regit actum.*

Le mariage d'un Français, qui épouse à l'étranger
une femme française, peut aussi être célébré par les
agents diplomatiques ou par les consuls français (Art. 47
et 48 C. N.). Si le Français épouse au contraire une
étrangère, le mariage doit être célébré devant l'officier
public étranger, car lui seul est compétent à l'égard des
deux parties, compétent à l'égard de l'étrangère, conformément à la loi qui l'a institué, et compétent à l'é-
gard de celle qui est française, en vertu de la maxime :
locus regit actum.

Cette doctrine est généralement, on peut dire uni-
versellement, admise tant par les auteurs que par
la jurisprudence (1). Cependant on pourrait se demander

(1) M. Duranton, Cours de Droit Français, nᵒˢ 534 et 235. —
Arrêt de la Cour de Cassation du 10 août 1819. (Sirey, 1819, 1,
492). — Jugement du tribunal de la Seine du 30 décembre 1837.
Gazette des Tribunaux, du 31).

pourquoi l'agent diplomatique français n'est pas compétent pour la célébration, à l'étranger, du mariage entre un Français et une étrangère, puisque le mariage célébré par un agent diplomatique en pays étranger, est réputé célébré en France, par suite de cette fiction du droit des gens, que l'habitation du consul ou de l'agent diplomatique français est considérée comme sol de France; or, le mariage célébré en France devant un officier public français est valable, alors même que l'une des deux parties est étrangère.

En second lieu, le mariage doit être précédé des publications prescrites par l'art. 63, c'est-à-dire, de deux publications faites en France, à huit jours d'intervalle, un jour de dimanche devant la porte de la maison commune. La maison commune en question est celle de l'endroit où le Français a eu en dernier lieu son principal établissement et six mois de résidence. Toutefois, s'il avait, lorsqu'il a quitté la France, son principal établissement dans un endroit et six mois de résidence dans un autre, c'est à ces deux endroits que les publications devraient être faites (Art. 166, 167 et 74). Si le Français est sous la puissance d'autrui relativement au mariage, des publications devront être faites devant la porte de la maison commune du domicile des personnes sous la puissance desquelles il se trouve (168).

En troisième lieu, le Français qui se marie à l'étranger ne doit pas contrevenir aux dispositions du chapitre 1er du titre *du mariage*, du Code Napoléon (Art. 144 et 164). Il faut qu'il ait l'âge requis, 15 ou 18 ans, selon le sexe, qu'il ait donné son consentement, qu'il ne soit pas actuellement marié, qu'il ait obtenu le consentement des ascendants, et qu'il ne soit pas parent ou

allié du futur époux à un degré prohibé. Il doit observer également les conditions qui ne constituent qu'un
simple *empêchement prohibitif* au mariage, par exemple,
demander leur *conseil* aux ascendants, par des actes
respectueux, dans les cas prévus par la loi (Art. 152 et
153).

La question de la nullité des mariages contractés à
l'étranger, entre Français, ou entre Français et étrangers pour contraventions aux dispositions de l'art. 170,
a soulevé des controverses parmi les auteurs et a été
jugée d'une manière différente par les tribunaux.

On a prétendu, en se fondant sur la généralité des
termes de l'art. 170, que les mariages contractés à l'é-
tranger étaient *nuls dans tous les cas* lorsqu'ils n'avaient
pas été précédés des publications prescrites par le Code;
qu'ils étaient *nuls* encore lorsque les parties avaient contrevenu aux dispositions du titre *Du mariage*, alors
même que ces dispositions n'entraînaient pas en France
la nullité.

Cette manière de voir ne nous paraît pas exacte, et
nous pensons que les mariages contractés par des Français en pays étranger ne doivent être annulés que dans
les cas et pour les raisons où ils le seraient, s'ils avaient
été contractés en France.

L'art. 170 a voulu consacrer seulement les principes
contenus, d'abord, dans la maxime : *Locus regit actum*,
et puis dans cet axiome : que les lois de *statut personnel*,
c'est-à-dire les lois qui régissent l'état et la capacité des
personnes, suivent le Français dans quelque pays qu'il
se trouve.

On a voulu attribuer à l'art. 170 un sens trop absolu
et que nous ne lui reconnaissons pas. Rien n'annonce,

en effet, dans cet article, que le législateur ait voulu prononcer la nullité des mariages dans les cas où cette nullité ne serait pas prononcée, s'ils avaient été contractés en France. En renvoyant au titre du mariage et à l'art. 63, il nous paraît clair que le législateur n'a pas voulu appliquer les dispositions législatives d'une manière différente pour l'un et pour l'autre cas. Ce qui nous confirme dans cette idée, ce qui rend cette distinction impossible, ce sont les termes de l'art. 3 du Code Napoléon. Là on voit consacré textuellement ce principe que nous énoncions tout-à-l'heure : Les lois concernant l'état et la capacité des personnes régissent le Français, même résidant en pays étranger. Or, le titre *du mariage* rentre incontestablement dans les lois qui régissent l'état des personnes. Si l'art. 170 avait voulu déroger à ce principe déjà posé, il l'eût fait expressément, et, tel qu'il est rédigé, rien ne nous prouve qu'il y ait apporté aucun changement, et dans le silence de la loi on doit s'en référer à cet axiòme, que les nullités ne peuvent être établies par induction.

Que l'on prononce les mêmes nullités et les mêmes amendes établies par le Code, comme sanction de l'inobservation des règles et des formalités, que le mariage ait été célébré en France, ou qu'il l'ait été à l'étranger, nous l'admettons ; mais ce qui est tout-à-fait impossible, c'est de prononcer des nullités qui ne sont pas textuelles, et de les induire de la généralité des termes d'une disposition législative.

Mais, nous dira-t-on, il arrive, par exemple, que l'amende prononcée par les art. 192 et 193 contre l'officier de l'état civil qui aura célébré le mariage, nonobstant l'inobservation de certaines formalités de la part des

futurs conjoints, ne peut aller atteindre le magistrat
étranger qui aura procédé irrégulièrement à la célébration d'un mariage. Nous répondrons qu'il vaudrait
mieux se résigner à cette impunité que de transformer
la disposition de la loi qui prononce une amende contre
l'officier de l'état civil en une disposition qui déclare nul
le mariage entre les parties (1).

Ce n'est pas seulement de la généralité des termes de
l'art. 170, disent nos adversaires, que nous concluons à
la nullité du mariage: cet article est rédigé de telle
manière que le doute n'est pas possible. En effet, l'article 170 déclare valables les mariages contractés à l'é-
tranger, *pourvu que* certaines conditions aient été remplies. Ces mots: *pourvu que*, indiquent donc clairement
que si ces conditions n'ont pas été remplies, les mariages
sont *non valables* ou *nuls*.

Mais, comme le dit Merlin(2), les termes cités de l'article 170 sont synonymes de ceux-ci: « *Il est des cas*
où le défaut de publications et d'actes respectueux peut
influer sur l'annulation du mariage, pour cause de clandestinité. » Nous répéterons en outre ce que nous avons
déjà dit, c'est que le texte de l'art. 170 n'indique rien
autre chose sinon que les mariages contractés en pays
étrangers sont régis par les mêmes dispositions que ceux
qui sont contractés en France.

Les discussions du Conseil-d'Etat indiquent, du reste,
que le législateur n'avait pas entendu s'écarter des prin-

(1) Voir, *contrà*, l'arrêt de la Cour de Cassation, du 5 mars
1857, et celui de la Cour d'Angers, du 12 janvier 1858.
(2) Répert. vo bans de mariage, no 2.

cipes précédemment posés, et qu'il n'avait simplement
eu en vue que d'assurer : 1° la comparution des parties
devant un officier chargé de constater l'état civil dans
le lieu de la résidence de l'une des parties ; 2° l'observation des dispositions fondamentales consignées dans le
chapitre Ier.

On a beaucoup argumenté sur le texte de la loi , à
propos de la question qui nous occupe, mais on n'a pas
cherché à en pénétrer l'esprit. Aucun des auteurs qui
soutiennent la nullité du mariage , aucun des arrêts qui
l'ont prononcée, n'ont tiré un motif de *l'esprit de la loi*.
Et , en effet , c'est que nous prétendons que rien n'indique d'après l'esprit de la loi, qu'elle ait voulu , sous le
rapport des nullités, faire une distinction entre les mariages contractés en France et ceux contractés en pays
étrangers.

Ainsi nous disons d'une manière générale que le législateur n'a pas innové en matière de nullités, et nous
rejetons la doctrine qui déclare *nul dans tous les cas* ,
le mariage de ceux qui ont contrevenu aux dispositions
de l'art. 170. Examinons d'une manière plus particulière
les controverses qui ont été soulevées à propos du défaut des publications prescrites par l'art. 170.

Naturellement ceux qui admettent qu'il y a nullité
du mariage contracté en pays étranger , alors même
qu'il y a contravention à une condition qui n'entraînerait pas la nullité en France , sont d'avis que le défaut
des publications prescrites par l'art. 170 , rend le mariage entièrement nul et que les juges n'ont pas le droit
de le déclarer valable , sous prétexte que le mariage ,
à raison des circonstances qui l'ont précédé ou suivi ,
a reçu en France une publicité suffisante.

Ces idées ont été consacrées, en quelques sorte, par un arrêt de la Cour de Cassation, du 6 mars 1837. Les considérants de cet arrêt sont basés sur ces deux motifs : 1º que l'officier de l'état-civil étranger ne peut être atteint par l'amende prononcée par les art. 192 et 193 ; 2º que les Français pourraient facilement passer à l'étranger, pour s'affranchir des conditions imposées par les lois françaises et se soustraire soit aux oppositions des tiers, soit à la puissance paternelle. Nous croyons avoir déjà répondu au premier de ces motifs ; quant au second il va évidemment trop loin ; on ne peut soutenir en effet que le défaut de publications a pour effet de soustraire arbitrairement le Français aux oppositions des tiers ou à l'autorité paternelle : et quant aux actes respectueux, les rédacteurs du Code n'en ont pas considéré l'omission comme portant atteinte à l'autorité paternelle, puisqu'ils n'ont pas attaché à ce défaut la peine de la nullité. La Cour de Cassation, du reste, est revenue sur ce principe et elle a consacré dans des arrêts récents la distinction que nous avons adoptée. (*V. infrà*).

M. Zachariæ (1) soutient une thèse opposée à celle des auteurs qui admettent la nullité absolue, pour défaut de publications. Il soutient au contraire, que le mariage célébré à l'étranger, sans avoir été précédé des publications prescrites par l'art. 170, est valable dans tous les cas et que les juges n'ont pas le droit de prononcer la nullité. Il part de ce principe que les nullités ne se suppléent point et que l'art. 170 ne la prononce pas. Ce n'est que par un argument *a contrario*, que

---

(1) Zachariæ, III p. 312.

l'on pourrait l'induire, et quant au mariage, les arguments
de cette nature ne sont pas admis.

Quant à nous, nous n'admettons pas, comme nous
l'avons déjà dit, qu'un mariage contracté en pays étranger soit *nul dans tous les cas* lorsqu'il n'a pas été précédé de publications, mais nous pensons qu'il peut être
attaqué, conformément aux termes de l'art. 191, comme entaché de clandestinité. Cet article laisse au juge
un pouvoir discrétionnaire pour examiner les faits; déclarer s'il y a eu ou non publicité, et en définitive
prononcer sur la nullité ou la validité du mariage (1).
On voit par la discussion du Code au Conseil-d'Etat, que
l'omission des publications n'a pas été regardée comme
emportant la nullité du mariage : cette formalité n'a été
prescrite que pour empêcher les contraventions aux dispositions du chapitre Ier. Ainsi, lorsque le défaut de publications ne concourt pas avec une infraction aux dispositions du chapitre Ier, le mariage est valable; il serait nul, aux contraire, s'il a été constaté qu'il n'a été
célébré à l'étranger, que pour échapper aux prohibitions
établies en France.

Le mariage contracté à l'étranger par un Français âgé
de moins de 25 ans, et par une Française âgée de
moins de 18 (art. 148, 149 et 160) sans le consentement des ascendants ou du conseil de famille, pourra
être annulé, aux termes de l'art. 182, mais le défaut

(1) **MM.** Duranton, II, nᵘ 238; Demante, 1, p. 359; Demolombe III, nᵒ 225. Arrêt de la Cour de Cassation du 28 mars 1854.
Arrêt de la Cour de Bordeaux du 14 mars 1850. (Dev. Car. 52.
2. 561).

d'actes respectueux n'entraînera la nullité, pas plus qu'elle ne l'entraînerait à l'égard d'un mariage contracté en France. Les actes respectueux ne sont qu'un acte de déférence, dans lequel l'enfant demande conseil, en quelque sorte, à ses ascendants et qui peut amener un rapprochement entre eux. Mais la nullité n'est pas prononcée, si ces actes de respect n'ont pas été faits, et comme nous l'avons fait remarquer, l'art. 170 n'étend pas les nullités aux cas où elle ne serait pas prononcée pour un mariage contracté en France.

Le défaut d'actes respectueux comme le défaut de publications peut former un élément de la preuve de la clandestinité du mariage ; mais il ne suffit pas pour en faire prononcer la nullité. Un arrêt de la Cour de Bordeaux du 14 mars 1850, décide *que l'omission des publications n'entraîne la nullité du mariage que lorsqu'elle a eu lieu à dessein et en vue d'éluder les dispositions de la loi française* (Dev. Car. 52, 2, 561), et de plus nous lisons dans les considérants d'un arrêt de la Cour de Cassation, du 28 mars 1854 : « Attendu qu'aux termes de
» l'art. 191 du Code Napoléon la publicité est la condi-
» tion essentielle de tout mariage contracté par tout
» Français... ; — que si le législateur, dans l'intérêt
» des Français domiciliés ou résidant à l'étranger, a pu,
» aux termes de l'art. 170, admettre que les publica-
» tions faites en France auraient pour effet de satisfaire
» à la condition de publicité, et si on doit reconnaître
» avec la jurisprudence que même l'absence de ces pu-
» blications pourrait, en certains cas, n'être pas consi-
» dérée, comme entraînant la nullité du mariage, il ap-
» partient aux juges français d'examiner et d'apprécier
» les circonstances dans lesquelles le mariage a été con-

» tracté, et de rechercher si la conduite des époux pré-
» sente un caractère de bonne foi, ou si cette conduite
» n'a eu d'autre but que de se soustraire ouvertement
» et à dessein aux obligations imposées par la loi, et
» de faire impunément à l'étranger ce qui leur était im-
» possible de faire en France. » (Dev. Car. 54, 1, 295).
Le tribunal de la Seine a suivi la même doctrine dans
les considérants du jugement qu'il a rendu après partage,
le 27 août 1856 (affaire Pescatore) (1).

Il suit des principes que nous avons posés, c'est-à-
dire que les mariages contractés à l'étranger sont soumis aux dispositions qui régissent les mariages contractés en France, que les fins de non-recevoir établies par
le Code Napoléon contre l'action en nullité d'un mariage
contracté en France, sont également applicables, lorsqu'il s'agit du mariage d'un Français en pays étrangers ;
ainsi le défendeur à l'action en nullité peut invoquer les
dispositions des articles 183 et 185 du Code Napoléon,
l'approbation donnée par les ascendants, la possession
d'état pendant une longue suite d'années, l'existence
d'un ou plusieurs enfants, etc.

L'article 171 prescrit au Français qui s'est marié à
l'étranger, de faire transcrire dans le délai de trois mois
depuis son retour en France, l'acte de célébration de
son mariage sur le registre public des mariages du lieu
de son domicile. Remarquons tout d'abord que cette
transcription n'est pas exigée lorsque le mariage du Français a été célébré par les agents diplomatiques Français.
Elle serait inutile, puisque les agents diplomatiques sont

(1) Journal le Droit, n° du 29 août 1856.

tenus d'envoyer en France à la fin de chaque année l'un des doubles registres, sur lesquels sont inscrits les actes de l'état-civil qu'ils ont reçus. En second lieu, la transcription n'est pas non plus nécessaire lorsqu'une femme française a épousé un étranger, en pays étranger. L'article 171 ne lui est pas applicable, puisque, par le fait de son mariage, elle a perdu la qualité de Française. (Art. 19).

Le délai de trois mois accordé pour opérer la transcription de l'acte n'est point un délai fatal. Elle peut être faite après cette époque, mais seulement en vertu d'une permission délivrée par le tribunal.

On s'est demandé quelle était la sanction du défaut de cette transcription, dans le délai prescrit. Un système extrèmement rigoureux consiste d'abord à dire que la formalité de la transcription, étant destinée à rendre le mariage notoire en France, en l'absence de cette formalité, le mariage, quoique valable entre les époux, ne sera pas réputé connu des tiers, auxquels il ne pourra être opposé.

De là les conséquences :

1o Que la femme qui n'a pas fait transcrire l'acte de célébration de son mariage, ne prendra rang parmi les créanciers hypothécaires de son mari qu'à compter du jour de la transcription *tardive*, ou que même elle sera complétement privée de son hypothèque et rangée parmi les créanciers chirographaires, si la transcription n'a pas été faite avant la faillite ou le décès de son mari.

2o Qu'elle est réputée *non mariée* et par conséquent capable de s'obliger sans l'autorisation de son mari ou de justice. De là il suit que les actes qu'elle a faits sans autorisation ne sont pas annulables.

Ces deux premières conséquences peuvent s'induire
des considérants d'un arrêt de la Cour de Bordeaux, du
14 mars 1850 : « Attendu, dit la Cour, que l'omission de la formalité de l'art. 171 ne saurait invalider
un mariage valable dans son principe, *et ne peut influer*
que sur le régime des biens, les droits et les obligations
des époux, avec lesquels des tiers auraient contracté dans
l'ignorance absolue du mariage.(Dev. Car. 52, 2, 561).

Dans le premier système que nous examinons on avait
été jusqu'à dire, que les enfants de la femme qui n'avait
pas fait transcrire l'acte de célébration de son mariage,
ne succéderaient point au préjudice de ses autres pa-
rents, aux biens qu'elle possédait en France ; on ajou-
tait que le mariage non transcrit ne ferait pas obstacle
au second mariage que le mari contracterait en France.
On ne tarda pas à reconnaître que cette rigueur de dé-
duction, que nous avons déjà combattue, était en con-
tradiction manifeste avec le principe qui lui sert de base.
On a réparé ce défaut de logique, et on n'a plus considéré que les effets que doit produire le mariage, *à rai-*
son de la publicité dont la loi le suppose entouré, et on n'a
plus attribué au défaut de transcription que le pouvoir
de faire perdre à la femme son hypothèque légale et de
rendre non annulables les actes qu'elle a faits sans autorisation de son mari ou de justice.

MM. Demante et Demolombe ont proposé un système
dont les conséquences sont un peu moins rigoureuses.
D'après eux, la question de savoir si la femme qui n'a
pas satisfait à la prescription de l'art. 171 est privée de
son hypothèque légale et de son action en nullité, contre les actes qu'elle a faits, indépendamment de l'autorisation de son mari, doit être résolue d'après les cir-

constances. Il s'agit de déterminer alors si la *faute* que
la femme a commise, en ne faisant pas transcrire, est
dommageable ou si elle ne l'est pas. Dans le premier cas,
la femme perd toutes ses garanties ; dans le second, elle
les conserve. Il y a faute *dommageable* si le mariage qui
n'a pas été transcrit n'a reçu en France aucune publicité, et si les tiers ont traité avec le mari, dans l'ignorance de son mariage et des garanties de la femme.
Mais, au contraire, il n'y a pas faute *dommageable*, si le
mariage a reçu en France une publicité suffisante, par
exemple, par une longue possession d'état, par l'inscription dans les divers bureaux de la situation des immeubles du mari de l'hypothèque légale de la femme.
Dans ce cas, il ne peut y avoir dommage causé, par
conséquent la femme n'a pas à le réparer, suivant le
principe de l'art. 1382, et elle doit jouir de toutes les
prérogatives de la femme mariée (1).

Cette théorie a été victorieusement combattue par
M. Mourlon (Rev. de Dr. Fr. et Etr., t. 1er), et nous
partageons entièrement son opinion.

Et d'abord, la formalité de la transcription n'a pas
été organisée dans l'intérêt des tiers et dans un but de
publicité. Elle l'a été uniquement dans l'intérêt des
époux.

Nous en trouvons une première preuve dans les travaux préparatoires du Code. L'article qui nous occupe
avait d'abord été ainsi rédigé : « Trois mois après le
retour du Français dans le territoire de la république
l'acte de célébration du mariage, contracté en pays

(1) M. Demante. I, p. 340 ; M. Demolombe, III, n° 229.

étranger, doit être *enregistré*, *à peine d'un double droit d'enregistrement.*

Cet acte doit être encore, dans le même délai, reporté et transcrit sur les registres publics des mariages du lieu de son domicile, sous peine, à défaut de ce report, d'une amende qui ne pourra être moindre de 100 fr., ni excéder 1,000 fr. »

Ainsi, dans le projet primitif, le Français qui s'est marié à l'étranger doit remplir deux formalités, sanctionnées par une amende.

La formalité de *l'enregistrement* ne peut avoir en vue l'intérêt des tiers ; elle est de pur droit fiscal.

Quant à la formalité de la *transcription*, ce n'est pas un intérêt fiscal qui a pu la dicter. Est-ce un intérêt de publicité ? Nous ne le pensons pas, car la peine est purement pécuniaire et n'intéresse que l'Etat.

En prenant l'art. 171 tel qu'il est rédigé, nous pouvons dire également que la transcription n'est point exigée *dans un intérêt de publicité, c'est-à-dire dans l'intérêt des tiers.*

Le Code emploie d'autres moyens pour faire connaître aux tiers le mariage, et par conséquent l'hypothèque de la femme, qui grève les biens du mari, en astreignant ce dernier à l'inscription de l'hypothèque légale, dans les divers bureaux de la situation des immeubles.

Le Code ne considère pas évidemment la transcription de l'acte de mariage comme une *condition de publicité*, car elle ferait double emploi avec l'inscription hypothécaire. Les tiers, du reste, s'adressent plus habituellement aux bureaux de conservation des hypothèques qu'aux mairies, pour les renseignements qu'ils ont intérêt à connaître.

En second lieu, le Français qui revient en France, doit même, *après la dissolution de son mariage*, faire transcrire l'acte de célébration. Il est évident que si la transcription n'était qu'un moyen de publicité, il serait illusoire de rendre public le mariage, lorsqu'il ne pourrait plus produire d'effet contre les tiers.

Une autre considération qui semble démontrer bien clairement que la transcription n'est pas seulement un moyen de publicité, c'est que tant que les époux habitent l'étranger, la transcription n'est pas nécessaire; elle n'est ordonnée qu'à compter de leur retour en France, et dans cette situation le mariage produit ses effets ordinaires au profit de la femme contre les tiers, qui, par lettre ou par mandataire, ont traité avec elle ou avec son mari.

Enfin, faisons remarquer que le mariage produit ses effets à l'égard des tiers, qui ont traité avec le mari ou la femme, dans l'intervalle des trois mois qui suivent le retour des époux en France et avant que le mariage soit transcrit. Ce mariage, à cette époque, est donc réputé connu et il faudrait admettre cette idée absurde, que le Code a entendu par la transcription, organiser un système de publicité, ayant son effet, non-seulement dans l'avenir, mais encore dans le passé.

La transcription, d'après nous, n'est donc pas un moyen de publicité employé par la loi. Elle constitue plutôt une disposition faite dans l'intérêt des époux eux-mêmes et de leurs enfants. Elle facilite la preuve du mariage, en en rendant la constatation plus prompte et plus sûre.

Nous n'admettons pas non plus qu'il y ait *faute* de la part de la femme si elle ne remplit pas la formalité de la transcription. Le texte ne le dit pas, car il emploie l'expression : *Le Français devra*, etc., et l'esprit général du Code Napoléon est de venir au secours de la femme toutes les fois que ses intérêts sont en conflit avec ceux de son mari. Son hypothèque légale, tant que dure le mariage, subsiste indépendamment de toute inscription. Pourquoi la loi aurait-elle dérogé, dans la circonstance du mariage contracté à l'étranger, de la protection générale qu'il accorde à la femme mariée ? Pourquoi aurait-il fait dépendre la sûreté de son patrimoine de l'accomplissement d'une formalité dont elle peut bien souvent ignorer l'existence? Nous n'en voyons pas la raison logique ; aussi nous repoussons la responsabilité de la femme dans cette circonstance, parce que ni le texte ni l'esprit de la loi ne nous paraissent l'autoriser.

La formalité de l'*enregistrement* a été remplacée par celle de la *transcription*, sans que l'amende qui punissait l'omission de la première formalité, fût appliquée à celle qui lui succéda dans la rédaction de l'art. 171.

Il est regrettable, sans doute, que l'inobservation de la loi reste impunie, mais il n'appartient ni aux commentateurs ni aux juges de s'ériger en législateurs. La sanction consistera dans les lenteurs et les embarras que les parties intéressées auront à se procurer la preuve du mariage, lorsqu'il n'aura pas été régulièrement transcrit sur les registres français.

CHAPITRE II.

Des Mariages contractés en France par des étrangers.

Cette matière n'est réglée en France par aucune disposition législative. Ainsi les mariages contractés en France, entre étrangers, ou entre Français et étrangers, sont régis par les principes généraux du Droit.

En vertu de la maxime *locus regit actum*, les lois françaises en régissent la forme.

En ce qui concerne le futur conjoint étranger, il faut appliquer les lois du pays de son domicile, en tout ce qui est relatif à l'état et à la capacité de sa personne.

Conformément à ce principe, la Cour de Pondichéry, par un arrêt, en date du 29 août 1843, a déclaré nul le mariage contracté dans un pays où le Code Napoléon était en vigueur, par un homme que sa loi personnelle frappait à cet égard d'une incapacité particulière. L'arrêt ayant été attaqué, notamment pour fausse application des articles 3 et 170 du Code Napoléon, a été cassé, mais pour un autre motif. On a reconnu que, dans l'espèce, il s'agissait d'un Français, et que par conséquent la loi personnelle était la loi française (Dev. Car., 52, 1, 417).

Les différences qui existent entre les lois de la France et celles des autres pays de l'Europe peuvent produire ce résultat : c'est que le Français qui se marie en France avec un étranger s'expose à voir son mariage annulé par des causes exprimées dans des lois dont il ignore les dispositions.

A une date déjà un peu ancienne M. le ministre de la justice, par une circulaire, adressée, le 4 mars 1831, aux procureurs-généraux près les cours royales, essaya de remédier à ces inconvénients.

Cette circulaire était ainsi conçue : « Dans plusieurs
» états voisins ou limitrophes de la France la loi défend
» aux régnicoles de se marier sans l'autorisation du gou-
» vernement, sous peine de la nullité de leur mariage.
» Il résulte de là que les habitants de ces pays, attirés
» en France par l'activité de l'industrie ou par la richesse
» du sol, y ont épousé des Françaises sans avoir obtenu
» cette autorisation. S'ils veulent ensuite retourner dans
» leur patrie, leurs femmes et leurs enfants s'en voient
» repoussés comme illégitimes. Un tel état de choses
» impose au gouvernement français le devoir de recourir
» à quelques précautions propres à assurer la validité
« de ces mariages, contractés de bonne foi par des
» femmes, qui, après l'accomplissement de toutes les
» formalités requises par les lois françaises, ont dû
» compter sur la protection de ces lois. Le moyen le plus
» efficace me paraît être d'exiger, de tout étranger *non*
» *naturalisé*, qui voudra désormais se marier en France,
» la justification, par un certificat des autorités du lieu
» de sa naissance ou de son dernier domicile dans sa
» patrie, qu'il est apte, d'après les lois qui la régissent,
» à contracter mariage avec la personne qu'il se propose
» d'épouser. En cas de contestation, les tribunaux com-
» pétents seront appelés à statuer (1). »

(1) Sirey. 1836, II, 542 : Dalloz. 1859, II, 60.

Cette circulaire, qui constituait un conseil salutaire donné aux officiers de l'état civil français et à leurs administrés ne parut pas répondre au but que s'était proposé M. le ministre de la justice. Elle a suscité des obstacles à des unions qui réunissaient toutes les conditions légales. Il est arrivé que les autorités étrangères ont refusé des certificats, qui n'étaient pas autorisés, disaient-elles, par les lois de leur pays. Elle a même causé des désagréments à des Français qui voulaient se marier à l'étranger, et à l'égard desquels on a voulu exercer en quelque sorte des représailles, en leur demandant des certificats que l'autorité française n'a pas voulu délivrer.

Nous ignorons si cette circulaire est encore en vigueur : les documents manquent à cet égard. Mais il serait à désirer qu'on cessât d'apporter de pareilles entraves aux mariages contractés, en France, par des Français avec des étrangers, et de laisser aux parties le soin de s'éclairer elles-mêmes sur leur capacité réciproque.

Divers fonctionnaires Français, toujours à une date un peu éloignée de nous, ont essayé d'interpréter la circulaire de M. le ministre de la justice, en prescrivant, à la place du certificat, un acte de notoriété, sous la forme indiquée dans l'art. 70 du Code Napoléon.

On lit, à cet égard, ce qui suit, dans une lettre adressée par M. le procureur du roi près le tribunal de la Seine, à un maire du département, en date du 7 juillet 1835 (1) : « S'il y avait impossibilité d'obtenir le certi-

(1) *Journal des Notaires et des Avocats*, t. XLIX, p. 47.

ficat d'aptitude prescrit par les instructions , parce que
l'autorité du lieu de la naissance ou du dernier domicile
du futur époux en pays étranger refuserait de délivrer
une attestation de cette nature , on pourrait y suppléer
par un acte de notoriété sous la forme indiquée par l'article 70 du Code Napoléon. Cet acte devrait être soumis à
l'homologation , prévue par l'art. 72 , s'il contenait en
même temps l'attestation de l'impossibilité où le futur se
trouverait de se procurer son acte de naissance. »

Il nous semble que l'instruction que nous venons de
rapporter établit une manière de procéder bien peu ju-
ridique. En effet l'art. 70 est destiné seulement à constater un fait, et l'instruction ci-dessus attribue à l'acte de
notoriété qu'elle prescrit , le pouvoir de fixer la capacité de l'étranger. L'acte de notoriété dont parle l'article 70, prouve seulement la naissance du futur époux,
et il ne peut y avoir d'analogie entre les deux cas. En
outre de ce motif , il semble que l'étranger a , par le
moyen qui lui est offert , une bien grande facilité pour
éviter les prohibitions des lois de son pays ; il lui suffit
de trouver pour cela sept individus , pris dans toutes
les classes de la société qui , dans l'ignorance des lois ,
croient ne pas mal faire , en attestant devant le juge de
paix le récit de la position que leur a fait un étranger.
Or , il est avéré que plusieurs jugements de tribunaux
ont homologué des actes de notoriété devant tenir lieu ,
aux parties , d'actes de naissance , d'actes de consentement des père et mère et de certificat d'aptitude , à l'effet de contracter mariage , lorsque les lois des pays des
parties leur défendaient de se marier sans l'autorisation
de leur gouvernement , à peine de nullité. Or , il arrive
que les autorités locales refusent l'expédition des actes

de naissance et la légalisation des actes de consentement lorsque l'autorisation requise n'a pas été obtenue. (1).

L'instruction que nous avons rapportée , a donc rendu plus facile le mariage des étrangers résidant en France. Mais elle a de tres-graves inconvénients. Il n'est pas probable que les tribunaux étrangers regardent l'homologation des tribunaux français , comme couvrant les nullités qui résultent des dispositions des lois étrangères : ils maintiendront le principe que la loi personnelle suit l'individu en pays étranger.

La question, on le comprend , est de la plus haute importance , surtout au point de vue de l'intérêt des Français qui s'unissent à des étrangers, Il serait à désirer qu'une étude approfondie des législations étrangères vînt parer aux inconvénients que nous avons signalés. On pourrait suppléer facilement au certificat d'aptitude prescrit par la circulaire ministérielle du 4 mars 1831 , par la production des lois du pays étranger ou une attestation des jurisconsultes versés dans les connaissances de ces lois. Mais le certificat de notoriété, tel qu'il parait encore être en vigueur , dans les cas prévus par l'instruction , nous semble un moyen bien vicieux de régler la capacité des étrangers.

Enfin , pour terminer , nous reproduisons la sage disposition, qui clôt la circulaire ministérielle du 4 mars 1831 , et qui paraît sainement interpréter l'art. 167 du Code (1) :

« Les étrangers majeurs qui n'ont pas acquis de do-

---

(1) V. M. Fœlix , *Traité de Droit international* , p. 385.

(1) Cette disposition reproduit une décision du Comité de Législation du Conseil-d'Etat, en date du 20 décembre 1825.

micile en France par une résidence de plus de six mois, sont tenus de faire faire à leur dernier domicile à l'étranger des publications préalables à la célébration de leur mariage. Ces publications doivent avoir lieu suivant les formes usitées dans chaque pays, et leur accomplissement doit être constaté par un acte émané des autorités locales. »

POSITIONS.

I. Division des choses.

L'esclave était chose *mancipi* entre citoyens Romains. Il était chose *nec mancipi*, dans les rapports de citoyen Romain à pérégrin.

II. Modes d'acquérir la propriété.

La perception des fruits par le possesseur de bonne foi ne constitue pas un mode particulier d'acquérir la propriété.

III. De la fidéjussion.

1º Il faut que le fidéjusseur ne s'oblige pas à autre chose que le débiteur principal.

2º Il faut qu'il ne promette pas davantage.

DROIT FRANÇAIS.

I. 1º Dans les contestations entre étrangers, les tribunaux Français sont compétents, toutes les fois qu'elles sont de nature à être jugées par les lois françaises, c'est-à-dire qu'elles sont de statut réel.

6

2º Les tribunaux français sont compétents, lorsqu'une des parties est domiciliée en France.

3º Ils sont incompétents, lorsqu'aucune des parties n'y est domiciliée.

4º Les tribunaux peuvent rester saisis lorsqu'aucune des parties ne réclame le bénéfice de l'exterritorialité.

II. La femme qui accepte la communauté n'a pas le droit d'exercer ses reprises par voie de préférence et de prélèvement sur les valeurs qui en dépendent, vis-à-vis des créanciers de cette communauté. Son droit à cet égard est un droit de créance et non un droit de propriété.

III. L'interdit pour cause de démence ne peut contracter mariage, même dans un intervalle lucide.

IV. Théorie de la rétroactivité des lois.

PROCÉDURE.

I. Dans quels cas il y a ouverture à requête civile.

DROIT CRIMINEL.

I. Théorie de la tentative.

II. Le principe du non-cumul des peines est inapplicable au concours de contravention de police.

DROIT COMMERCIAL.

I. Théorie du compte-courant.

DROIT ADMINISTRATIF.

I. Les cours d'eau non navigables ni flottables appartiennent à l'Etat.

II. L'indemnité due pour dommages permanents résultant de travaux publics doit être fixée par les tribunaux judiciaires.

III. En matière correctionnelle, le conflit peut être élevé dans le cas où la juridiction administrative pourrait être compétente en vertu d'une disposition de loi.

IV. Le conflit ne peut être élevé en matière de tribunaux de commerce et de justice de paix.

Vu :

Le Doyen par intérim de la Faculté de Droit ,

LAURENS.

Vu et permis d'imprimer ,

Le Conseiller honoraire à la Cour de Cassation .
Recteur de l'Académie de Toulouse ,

ROCHER.

Toulouse, Impr. Troyes OUVRIERS RÉUNIS, r. St-Pantaléon , 3.

Imprimé en France
FROC031216230919
22213FR00020B/398/P